W0021837

Isabella Leitner
ISABELLA

ISABELLA LEITNER

ISABELLA

Fragmente ihrer Erinnerung
an Auschwitz

Aus dem Amerikanischen
von Uwe-Michael Gutzschhahn
Mit einem Nachwort
von Irving A. Leitner

Otto Maier Ravensburg

Mich zu erinnern war schmerzhaft.
Mein Mann umgab mich
mit tiefer, mitfühlender Fürsorge.
Dieses Buch ist ihm gewidmet.
Isabella

Man stirbt nur durch den Tod.
Leiden tötet nicht.
Nur der Tod.

NEW YORK, MAI 1945

Gestern, was geschah gestern? Warst du im Kino? Hattest du eine Verabredung? Was hat er gesagt? Daß er dich liebt? Habt ihr den neuen Garbo-Film gesehen? Sie trug einen herrlichen Umhang. Ich fand, ihre Frisur war ganz anders als sonst und stand ihr sehr gut. Hast du's bemerkt? Nein? Ich habe es nicht bemerkt. Gestern ... gestern, am 29. Mai 1944, wurden wir deportiert ...

Gehen die amerikanischen Mädchen tatsächlich ins Kino? Haben Sie Verabredungen? Männer sagen ihnen, daß sie sie lieben, egal ob es stimmt oder nicht. Die Haare der Mädchen sind lang und blond, vorn hochgetürmt und hinten eng am Kopf. Sie mögen dies und das, sie sind hübsch und häß lich. Ihre Kleider sind im Sommer leicht, im Winter tragen sie Pelze – sie dürfen sich nicht erkälten. Sie tragen Seidenstrümpfe, fahren in Autos, tragen Armbanduhren und Halsketten, sie sind bunt angezogen und parfümiert ... Sie sind gesund. Sie leben. Unglaublich!

Ist es erst ein Jahr her? Oder ein Jahrhundert? ... Unsere Köpfe sind kahlgeschoren. Wir sehen weder wie Jungen noch wie Mädchen aus. Wir haben unsere Tage schon lange nicht mehr gehabt. Wir haben Durchfall. Nein, nicht Durchfall – Typhus. Sommer wie Winter tragen wir ein und dieselben Kleider. Es gibt für sie keinen anderen Namen als »Lumpen«. Nicht ein Fingerbreit ohne Loch. Die Schultern liegen bloß. Der Regen fällt auf unsere skeletthaften Körper. Die Läuse feiern eine Orgie in unseren Achselhöhlen, ihrem Lieblingsplatz. Ihr Blutgesauge, die Reizung, ihr emsiges Sichfortbewegen erzeugen die Illusion von Wärme. Wenigstens in den Achselhöhlen ist es heiß, auch wenn unsere Körper vor Kälte zittern.

28. Mai 1944, Morgens

Es ist Sonntag, der 28. Mai, mein Geburtstag, und ich feiere beim Packen für die große Reise und murmele bitter lachend in mich hinein: »Morgen ist Deportation.« Das Lachen ist zu bitter, der Körper zu müde, das Herz versucht, die unendliche Wut zu stillen. Mein Schädel scheint zu zerspringen, versucht zu ordnen, zu verstehen, was nicht zu verstehen ist. Deportation – wie geht das?

Ein jugendlicher SS-Mann mit der Autorität, Macht und Gewalt der gesamten deutschen Armee in seiner Stimme hat uns eben bekanntgegeben, daß wir für die Reise pünktlich um vier Uhr früh aufzustehen haben. Jeder, der nicht um vier Uhr auf ist, *kriegt die Kugel*.

Die Kugel, nur weil man nicht pünktlich aufgestanden ist? Was geht hier vor? Das Getto erscheint plötzlich schön. Ich will an meinem Geburtstag auf all die Tage anstoßen, die hier in diesem Paradies noch kommen mögen. Lieber Gott, laß uns hierbleiben. Zeig uns, daß du gnädig bist. Wenn mein Gefühl mich nicht trügt, ist dies das letzte Paradies, das wir je kennenlernen werden. Bitte laß uns für

immer in dieser himmlischen Hölle bleiben. Amen.
Wir wollen nichts – nichts, nur in diesem Getto bleiben. Wir sind nicht zusammengepfercht, wir sind nicht hungrig, wir fühlen uns nicht elend, wir sind glücklich. Liebes Getto, wir lieben dich; laß uns nicht gehen. Es war nicht recht, uns zu beklagen. Wir haben es nicht so gemeint.

Wir sind auf engstem Raum zusammengepfercht im Getto, aber das muß ein herrliches Leben sein im Vergleich zu einer Deportation. Haben Gott alle guten Geister verlassen? Schreckliches kommt auf uns zu. Oder bin nur ich es, die so denkt? Hab ich den Verstand verloren? Hier kommen sieben von uns auf neun Quadratmeter Raum. Laß sie vierzehn zusammentun, achtundzwanzig. Wir werden einer über dem anderen, Körper auf Körper schlafen. Wir werden um drei Uhr morgens aufstehen – nicht um vier – und zehn Stunden in Reihe stehen. Alles. Alles. Nur laßt unsere Familie zusammenbleiben. Zusammen werden wir den Tod erdulden. Sogar das Leben.

28. Mai 1944, Nachmittags

Wir werden nicht mehr bloß von ungarischen Polizisten bewacht. Die Aufgabe hat die SS übernommen, denn morgen sollen wir fortgebracht werden. Von nun an befiehlt deutlich sichtbar die SS.

Vorher bewachten uns die Polizisten von Admiral Horthy. Jetzt sind sie, was sie immer waren – Lakaien. Von Kindheit an erinnerte ich mich an sie mit Schrecken. Sie waren brutal, bösartig – und antisemitisch. Im Vergleich zu ihnen sind normale Polizisten nett und freundlich. Aber nun wird zum ersten Mal die SS die Aufsicht übernehmen.

Meine Mutter sieht mich, ihr Geburtstagskindchen, an. Das Gesicht meiner Mutter, ihre Augen – unmöglich, sie zu beschreiben. Ab heute wird sie nur noch lächeln. Ihr Lächeln ist voll Schmerz. Sie weiß, daß es für sie kein Danach mehr geben wird. Und sie lächelt mich weiter an, ich kann es nicht ertragen. Schweigend flehe ich sie an: »Hör auf zu lächeln.« Ich betrachte sie zärtlich und lächle zurück.

Ich würde ihr so gern sagen, daß sie mir vertrauen soll, daß ich leben und durchhalten werde.

Sie vertraut mir, aber sie traut den Deutschen nicht. Sie lächelt weiter, es macht mich wahnsinnig, denn tief in mir weiß ich genau, sie weiß Bescheid. Was sie so oft gesagt hat, es geht mir nicht mehr aus dem Kopf: »Hitler wird den Krieg verlieren, aber gegen die Juden wird er ihn gewinnen.«

Und jetzt ist ein SS-Mann hier, frisch und sauber, mit einem Hund, einer silbernen Pistole und einer Peitsche. Er ist höchstens sechzehn Jahre alt. Auf seiner Liste stehen die Namen sämtlicher Juden aus dem Getto. Die Straßen quellen über vor Juden, denn Kisvárda, diese Kleinstadt, muß alle Juden aus den benachbarten Dörfern aufnehmen. So braucht die SS nicht jeden Juden einzeln in jedem Kaff aufzulesen. Diese Arbeit haben schon die Polizisten erledigt. Die Juden sind jetzt hier. Das einzige, was die SS noch tun muß: Sie muß sie auf den Weg in die Öfen schicken.

Die Juden stehen in Reihe auf der Straße. Und jetzt fängt der sechzehnjährige SS-Mann an, die Namen zu verlesen. Die Aufgerufenen stellen sich gegenüber von uns zu einer Gruppe zusammen. »Teresa Katz!« ruft er – meine Mutter. Sie tritt nach vorn. Mein Bruder, meine Schwestern und ich beobachten sie genau. (Mein Vater ist in Amerika und versucht Einreisepapiere für seine Frau und seine Kinder zu bekommen, er versucht sie zu retten, bevor Hitler sie verschlingt.) Meine Mutter geht auf die Gruppe zu.

Jetzt dreht sich der SS-Mann zu meiner Mutter um. Er hebt seine Peitsche und schlägt nach ihr ohne jeden Grund.

Philip, mein achtzehnjähriger Bruder, der einzige Mann noch in unserer Familie, will nach vorn stürzen, um den sechzehnjährigen SS-Mann in Stücke zu reißen. Und wir, seine Schwestern – wollen wir nicht dasselbe?

Doch plötzlich starrt uns die Wirklichkeit mit all ihrem Wahnsinn an: Das Blut meiner Mutter wird hier, direkt vor unseren Augen, fließen. Philip wird abgeschlachtet werden. Wir sind unbewaffnet, untrainiert. Wir sind Kinder. Unsere Waffe kann bestenfalls ein Schnürsenkel oder ein Gürtel sein. Wir wissen auch gar nicht, wie man tötet. Der Pfiff des SS-Manns wird alle anderen SS-Leute und Polizisten alarmieren, und sie werden nicht so gnädig sein, das gesamte Getto zu vernichten – nur so viele Menschen, daß sie ein Blutbad anrichten. All dies blitzt kristallklar vor unseren Augen auf. Das Blut unserer Mutter darf hier nicht fließen – nicht jetzt, vor unseren eigenen Augen. Unser Bruder darf nicht abgeschlachtet werden.

Und so treten meine Schwester Chicha und ich, die wir neben Philip stehen, unserem Bruder auf die Füße und halten seine Arme so fest es geht. Philips Augen flackern fassungslos. Wir alle leiden Qualen. Aber wir leben noch.

MEIN VATER

Mein Vater verließ Ungarn, um nach Amerika zu gehen. Er ging voll Entsetzen und ließ seine Frau und sechs Kinder zurück. Er ging in der Hoffnung, seine Familie zu retten. Er nahm seine ganze Kraft zusammen, seine ganze Liebe, um die Behörden wachzurütteln: »Gebt mir Ausreisepapiere für meine geliebten sieben, daß sie hierherkommen und leben können. Laßt nicht zu, daß sie ermordet werden!«

Und endlich gaben sie ihm die Papiere.

Aber die Zeit schritt schneller voran, als die Mühlen der Bürokratie mahlten. Wir erhielten die notwendigen Papiere, die uns auf einen bestimmten Montagmorgen zum amerikanischen Konsulat bestellten. Meine Mutter, Chicha und ich kamen am Sonntag in Budapest an. Wir waren früh da, denn am Montagmorgen hatten wir eine Verabredung mit dem Leben!

Wir übernachteten bei einem Freund, unterhielten uns freudig über den Termin und hörten Musik im Radio. Plötzlich wurde unterbrochen. Die Musik hörte auf.

Es gab keinen Termin im amerikanischen Konsulat am Montagmorgen. Es war der 8. Dezember 1941. Ungarn hatte Amerika den Krieg erklärt.

Der verzweifelte Vater rüttelte erneut die Behörden auf: »Gebt mir Papiere für Israel, damit meine geliebten sieben am Leben bleiben!«

Und endlich gaben sie ihm die Papiere.

Und wir bekamen sie ... vier Wochen, nachdem Hitler Ungarn besetzt hatte. Wir konnten sie einrahmen lassen ... oder als Toilettenpapier benutzen. Ich weiß nicht mehr, was wir mit ihnen gemacht haben.

Viele Jahre später, als du im Sterben lagst, Vater, hat es dich da immer noch gequält? Hast du immer noch geglaubt, du hättest nicht alles, was möglich war, versucht?

Du hast es versucht, Vater. Du hast es versucht.

HAUPTSTRASSE IN UNGARN

Kisvárda war eine kleine ungarische Stadt mit nicht mehr als zwanzigtausend Einwohnern. Doch in meiner Erinnerung tritt sie hervor als eine weltoffene Großstadt mit Theater und Oper, die man besuchte, mit Maskenbällen für die Reichen, Cafés, in denen man die Zeit verbrachte und versuchte, klug und weltmännisch zu klingen, eine Stadt mit Auto- und Pferderennen. Barone, Prinzen und reiche Großgrundbesitzer mit ihren perfekten Manieren der Oberschicht und ihren maßgeschneiderten Anzügen zeigten sich und fuhren in ihren schicken Wagen durch die Stadt. Diese Aristokraten drückten der Stadt ihren Stempel auf.

Die Hauptstraße in Kisvárda (die St. Laszlo Utca), so erinnere ich mich, roch ständig nach französischen Parfüms, wenn ich meine Mutter zum Marktplatz begleitete. Jedesmal stiegen die Düfte in meine Nase, wenn ich gerade meiner Mutter zusah, wie sie die gemästeten Gänse befühlte, ob sie fett genug waren, ihre sechs heranwachsenden Kinder satt zu machen – ihre klugen, hübschen, sensiblen Kinder, die eines Tages in die Welt hinausziehen würden, gut vorbereitet von einer Mutter, deren Intelligenz und Weisheit berühmt waren und deren soziales Bewußtsein ihr von mir den Titel eintrug: »Madame Roosevelt der armen Leute«.

Als eine begierige Leserin marschierte meine Mutter jeden Freitag mit allen sechs Kindern zur Bibliothek, damit sie den Höchstsatz an Büchern ausleihen konnte, die sie dann alle selber verschlang, bevor sie sie wieder zurückgeben mußte. Und wenn meine Mutter für den Sabbath oder die Feiertage Fisch kaufte, schaffte sie es nicht, das Zeitungspapier, in dem der Fisch eingewickelt war, wegzuwerfen, ohne vorher jedes einzelne von Fischgeruch durchtränkte Blatt gelesen zu haben.

Und ich erinnere mich an Teca, die Zigeunerin, die täglich vorbeikam, um meine Mutter mit traurigen Augen anzusehen. Der Grund ihrer Trauer war immer derselbe: »Meine Kinder sind hungrig, Gnädigste.« Und die Gnädigste füllte jedesmal wieder Tecas Kartoffelsack mit allem, was sie entbehren konnte. Und jeder, der zufällig zur Essenszeit hereinplatzte, wurde automatisch zum Mahl mit eingeladen. »Es ist genug da. Ich werde ein bißchen mehr Wasser in die Suppe geben.«

Aber am meisten erinnere ich mich an die Gespräche, die meine Mutter mit den vielen Menschen zu führen pflegte, die uns aus ganz Europa besuchen kamen: Geschäftsleute, Freunde und Verwandte. Wir sechs Kinder standen dabei und sogen all die großartigen Worte, die großartigen Themen begierig auf – Politik, Kunst, Bücher und immer wieder *des Menschen Grausamkeit gegenüber seinesgleichen*. Manchmal ärgerte ich mich. Muß sie sich denn um die ganze Welt kümmern? Sieh mich an! Lob mich! Ich will für dich die wichtigste Person sein! Warum kümmerst du dich so viel um andere Dinge?

Aber heute, so viele Jahre später, sage ich: Danke, Mutter, daß du so warst, wie du warst, und für den Versuch, mich in jeder Weise voranzubringen.

Kisvárda war nur eine kleine Stadt. Es war der Ort, von dem ich gerade anfing fortzuwollen, von dem ich mich fortzusehnen begann. Ich glaubte dort nicht mehr atmen zu können. Und doch ist die Erinnerung an meine Jungmädchen-Zeit nicht nur von Jungmädchen-Sorgen erfüllt, sondern auch von glücklichen Stunden mit lieben Freunden in einem Haus, das so voller Interessen, Gedanken, Aktivitäten, Gesprächen, Tanz, Spiel, Verliebtsein und Nicht-mehr-Lieben war, daß dies, mein Haus – mit ihm die ganze Stadt – zu bersten schien.

Aber es gab auch anderes – Schlimmes. Ich kann nicht mehr zählen, wie oft sie mich als »dreckige Jüdin« beschimpften, wenn ich die Hauptstraße entlangging. Hinter vorgehaltener Hand: »Dreckige Jüdin.« Nein, »stinkende Jüdin« – das hörte ich noch viel öfter. Antisemitismus war, solange ich mich erinnern kann, immer brutale Realität. Er war in unserem Leben stets gegenwärtig. Wahrscheinlich war das überall so, dachten wir, auf jeden Fall überall in Ungarn, zumindest in Kisvárda.

Sie hassen uns, dachte ich. Ich fühlte es deutlich. Man konnte sich nicht vor dem Haß verstecken. Man konnte nicht vor ihm weglaufen. Er war überall. Er wurde kaum kaschiert, wenn überhaupt. Er saß direkt unter der Haut. Man konnte nur schwer damit leben. Aber wir taten es. Wir kannten es ja nicht anders.

Jede »Heil Hitler«-Rede im Radio machte alles noch schlimmer. Und die Reden gab es dauernd. Nicht viele Leute verstanden Deutsch in unserem Teil Ungarns, aber der Rundfunk schleuderte Hitlers Reden hinaus, und der Wahnsinn der ständigen Heil-Hitler-Rufe ließ die nichtjüdischen Ungarn eine Gemeinschaft, eine Einigkeit mit dem wahnsinnigen Redner fühlen. Uns Juden verbog er bis tief in die Seele. Er ließ uns die Menschen fürchten, mit denen wir seit Generationen zusammen in dieser Stadt gelebt hatten.

Was sollten wir tun?

Gebt uns ein Stück Land auf dieser Erde, das frei von Antisemitismus ist!

Wir hatten Angst. Wir wußten, unsere Nachbarn würden bereitwillig Hitlers Komplizen sein, wenn erst die Totenglocke läutete. Und die Glocke läutete ja bereits.

Am Montagmorgen, dem 29. Mai 1944, wurde das Getto evakuiert. Juden, Tausende und Abertausende von Juden jeglicher Größe und Statur, jeglichen Alters, mit jeglicher Krankheit behaftet, solche, deren arisches Blut nicht arisch genug war, solche, die ihre Religon gewechselt hatten vor langer Zeit – sie alle schleppten sich die Hauptstraße hinunter in Richtung Bahnhof, zur »Deportation«, wie die Deutschen es nannten. Auf ihren Rücken Bündel und Rucksäcke – die obligatorischen »fünfzig Kilo dringlichste Kleidung und Nahrung« (die die Deutschen später ganz einfach konfiszierten).

Und die ungarischen Städter, die Nichtjuden – auch sie waren da. Sie säumten die Straßen, viele lächelten, einige verbargen ihr Lächeln. Keine Träne. Kein auf Wiedersehen. Sie waren die Guten, die Glücklichen. Sie waren die Arier.

Die sind wir los, die stinkenden Juden, sagten ihre Gesichter. Die Stadt gehört uns.

Die Hauptstraße in Ungarn.

Eine neue Art zu reisen

Wir schleppen uns zum Bahnhof. Die Sonne brennt erbarmungslos heiß. Leute fallen in Ohnmacht, Babys schreien. Wir, die gesunden jungen Leute, sind völlig erschöpft. Wie müssen sich erst die Alten, die Kranken fühlen? Völlig unserer Würde beraubt, auf dem Weg, die Stadt zu verlassen, in der wir geboren wurden, in der wir aufgewachsen sind. Was kommt nach dem langen Warten?

Wohin geht es?

Ich bin bereit, fortzugehen. Hinaus aus der Wiege der Liebe. Weg von dem Ort, wo jeder Stein, jedes Gesicht bekannt ist. Die bekannten Gesichter spiegeln jetzt Freude. Ich muß weg, ehe ich sie zu hassen anfange. Ich werde nicht zurückkehren.

Ihr, meine ehemaligen Nachbarn, mit euch kann ich nie mehr zusammenleben. Ihr hättet uns ein bißchen Trauer zuwerfen können, als wir uns die Hauptstraße hinunterschleppten. Aber ihr tatet es nicht.

Warum?

Bitte bringt mich von hier weg. Ich kenne diese Leute nicht. Will sie niemals kennenlernen. Ich kann den Unterschied zwischen ihnen und der SS nicht erkennen, deswegen gehe ich mit der SS.

Schnell sind wir in die Viehwagen verladen ... Waggons mit vergitterten Fenstern, mit Holzplanken vernagelt, so daß keine Luft rein noch raus kann ... fünfundsiebzig Menschen in einem Waggon ... keine Toiletten ... keine Ärzte ... keine Medikamente.

Ich habe meine Tage. Es gibt keine Möglichkeit, meine Binde zu wechseln ... keinen Platz zum Sitzen ... keinen Platz zum Stehen ... keine Luft zum Atmen. So kann man nicht sterben. Es beleidigt sogar den Tod. Trotzdem sterben die Leute überall um mich herum.

Wir zwingen meine Mutter zum Sitzen auf den Rucksack nieder. Ihr Gesicht hat einen Ausdruck, als wäre sie nicht von dieser Welt. Sie weiß, sie wird nicht überleben. Aber verzweifelt will sie, daß wir überleben. All die Jahre habe ich ihr Gesicht, das voller Resignation, Hoffnung und Liebe war, in mir bewahrt:

»Bleibt am Leben, meine Lieben, ihr alle sechs. Wenn all dies vorüber ist, wartet da draußen auf euch eine Welt, alles zu geben, was ich euch gab. Trotz allem, was ihr hier seht – und ihr seid jung und noch beeinflußbar –, glaubt mir, es gibt eine Menschlichkeit da draußen, es gibt eine Würde. Ich werde sie nicht mehr mit euch teilen, doch sie ist da. Und wenn dies alles vorüber ist, müßt ihr selber dazu beitragen, weil die Menschlichkeit manchmal ein bißchen klein, ein bißchen knapp ausfällt. Lebend könnt ihr aus euch heraus selber Leben schenken und großziehen. Und eure Kinder lehren, den unendlichen Reichtum im Menschen zu erkennen. Glaubt mir. Ich kann euch nicht mit dem zurücklassen, was ihr hier seht. Ich muß euch zurücklassen mit dem, was ich sehe. Mein Körper ist fast tot, aber was ich sehe, lebt – sogar hier. Ich will, daß ihr lebt um des Lebens willen, das euch gehört. Und wo immer ich sein werde: Auf seltsame Weise wird meine Liebe meinen Tod überwinden und euch am Leben halten. Ich liebe euch.«

Und die zerbrechliche Frau voller Liebe lebte bis Mittwoch.

DIE ANKUNFT

Wir sind angekommen. Wo sind wir angekommen?
Wo sind wir?

Junge Männer in gestreifter Sträflingskleidung
laufen herum und leeren die Viehwagen. »Raus!
Raus! Alle raus! Schnell! Schnell!«

*Die Deutschen hatten es immer so eilig. Der Tod
... war ... bei ihnen ... stets ... dringend ... vor
allem der jüdische Tod. Die Erde mußte von Juden
gesäubert werden. Wir wußten das schon. Wir wußten nur nicht, daß diese Superrasse keine Minute
länger in dem Gedanken leben konnte, den Planeten
mit anderen zu teilen. Die Luft schien ihnen von
jüdischem Atem besudelt, sie brauchten frische
Luft.*

*Die Männer, die die Gefängnisanzüge trugen,
waren Mitglieder der Sonderkommandos: Leute,
deren Bestimmung und Auftrag der Tod war, die die
Öfen mit menschlichen Körpern füllten – mit Juden,
bis auf die Haut entblößt, versehen mit Seife; so wurden sie zu den Duschen geführt, den Todesduschen,
den Gaskammern.*

Wir werden aus den Viehwagen gescheucht.

Chicha und ich suchen verzweifelt nach unseren Zigaretten. Wir können sie nicht finden.

»Was sucht ihr, ihr Hübschen? Zigaretten? Die werdet ihr nicht brauchen. Morgen wird es euch leid tun, überhaupt geboren zu sein.«

Was meinte er damit? Kann es denn etwas noch Schlimmeres geben als die Fahrt im Viehwagen? Nein, das geht nicht. Niemand kann sich etwas Übleres ausdenken. Sie machen uns nur Angst. Aber wir kommen nicht an unsere Zigaretten, und wir haben wertvolle Zeit verloren. Wir müssen eilen, um den Rest der Familie noch einzuholen. Wir haben gerade den Hinterkopf unserer Mutter entdeckt, als Mengele, der berüchtigte Dr. Josef Mengele, seinen Zeigefinger auf mich und meine Schwester richtet und sagt: »Die zwei.« Dieser gepflegte, sehr gutaussehende Deutsche wählt mit einer Bewegung seines Daumens und einer Trillerpfeife aus, wer leben soll, wer sterben.

Plötzlich stehen wir auf der »Leben«-Seite. Mengele hat uns ausgewählt, zu leben. *Aber ich muß meine Mutter einholen.*

Wohin gehen sie?

Mama! Dreh dich um. Ich muß dich sehen, bevor du fortgehst, wohin auch immer. Mama, dreh dich um. Du mußt. Wir müssen voneinander Abschied nehmen. Mama! Wenn du dich nicht umdrehst, lauf ich dir nach. Aber sie wollen mich nicht lassen. Ich muß auf der »Leben«-Seite bleiben.

Mama!

MEINE POTYO, MEINE SCHWESTER

Wie konnte ich jemals so sehr lieben?

Ich hatte die Erlaubnis, sie zu waschen, ihr die Windeln zu wechseln, sie Bäuerchen machen zu lassen, sie zu wiegen, zu lieben.

Sie war »mein« Baby.

Heute wäre sie eine Frau mittleren Alters, und ich bin immer noch nicht darüber hinweg, sie verloren zu haben.

An dem Tag, als wir in Auschwitz ankamen, wurden so viele Menschen verbrannt, daß die vier Krematorien die Arbeit nicht schafften. Deshalb errichteten die Deutschen große Feuer, um die Kinder hineinzuwerfen. Lebendig? Das kann ich nicht sagen. Ich sah die Flammen. Ich hörte die Schreie.

Bist du so gestorben, Potyo? Auf diese Art?

GRAB

Das Leben verweigerte uns die Gnade eines Grabes. Ein einfaches Grab für meine Mutter, meine Schwester, meine andere Schwester. Ein einfaches Grab, wohin man Blumen bringt.

Ist ein Jude so unwürdig, daß er nicht mal ein Grab haben darf? Ist selbst der Tod zu gut für einen Juden?

Ich bin nicht sentimental. Ich bin nicht altmodisch. Und doch sehne ich mich nach einem kleinen Fleckchen Erde, einem Beweis, daß auch ich eine Mutter hatte, daß dieser Planet auch mir gehört. Dann könnten mir meine Tränen, die auf dieses kleine Fleckchen Erde fielen, das Gefühl geben, Teil eines Ganzen zu sein.

Der Rauch hat sich verzogen. Nur ich weiß von ihm. Und nichts erinnert an diese großherzige Mutter, nur mein Herz.

Du Tier! Gib mir den Körper, diesen zarten kleinen Körper! Ich will ihn begraben.

»ESST SCHEISSE!«

Es wird gerade dunkel. Wir sind seit mehreren
Stunden in Auschwitz. Meine Mutter ist seit einigen Stunden tot. Meine kleine liebe Potyo auch. Es
ist Mittwoch, der 31. Mai 1944.

Wir befinden uns in diesem riesigen, feuchten
Raum. Tausende von uns. Sie nennen ihn
Duschraum. Sie nennen es Desinfektion, was
immer das bedeutet. Überall ist die SS. Befehle werden in einer Sprache geschrien, die wir kaum verstehen, anscheinend Deutsch. Die Worte klingen
wie: *»Laus! Laus! Laus!«* Es scheint zu bedeuten:
»Schnell! Schnell! Schnell!«

Wir werden gestoßen, geschoben, in Reih und
Glied gestellt. Einige Mädchen arbeiten wie ra-
send. Allein, die Arbeit ist unglaublich. Wir haben
so etwas noch nie gesehen. Sie rasieren die Köpfe
der Neuankömmlinge, ihr Schamhaar, ihre Achsel-
haare. Die rasende Geschwindigkeit ist unglaublich. Was sie tun, ist unglaublich. Innerhalb von
Sekunden ist Chicha ein anderer Mensch. Irgendein
kahlköpfiges Monster steht neben mir. Irgendein
kahlköpfiges Monster steht neben ihr.

Das ist alles, was es noch gibt? Nur uns beide? Vor ein paar Stunden waren wir eine große Familie. Wo sind sie denn alle? Irgend jemand ist da drüben, in der großen Gruppe. Sie kommt mir bekannt vor. Das rasierte Ding ist jemand, den Chicha und ich kennen. Und neben ihr ist noch jemand. Die kommt uns auch bekannt vor. Sie starren uns ebenfalls an. Wir müssen sie kennen. Aber wir erkennen sie nicht, weil sie so schrecklich aussehen.

Wir bewegen uns aufeinander zu. Bist du es? Bist du es? Es ist Rachel. Es ist Cipi. Sie sind unsere Schwestern. Wir sind zu viert.

Was ist los? Was ist los, ihr Lieben? Wir sind zu viert. Wir sind eine große Familie. Wir haben gerade zwei Schwestern gefunden. Sie haben uns gefunden. O Gott, wir sind so glücklich!

Was ist los? Dieser Deutsche, der auf seiner Trillerpfeife pfiff, während er die einen nach links, die anderen nach rechts wies, veranlaßte, daß wir uns umdrehten. Wir standen vor einem schrecklich verräucherten Platz, und er selektierte von neuem. Er nahm uns aus der Gruppe, und sie brachten uns hierher. Jetzt sind wir zu viert. Wir sind so glücklich, und wir sehen so schrecklich aus. Was haben sie mit uns gemacht, und wo sind wir? Was wird als nächstes geschehen?

Plötzlich, inmitten dieses Chaos, inmitten dieses Wahnsinns, steigt jemand durchs Fenster unserer Baracke und erkennt uns, diese vier kahlköpfigen Monster. Er rüttelt uns an den Schultern, Tränen laufen ihm übers Gesicht. »Hört mir zu! Hört zu! Eßt, was immer sie euch geben. Eßt. Wenn sie euch Scheiße geben, eßt Scheiße. Denn wir müssen überleben. Wir müssen es ihnen heimzahlen!«

Innerhalb von Sekunden ist mein Bruder wieder durchs Fenster verschwunden.

PHILIP

Philip, der fürsorgliche Philip, der engagierte Philip, dem es gelang, eine Art Gettobeauftragter in Kisvárda zu werden, so daß er die Erlaubnis bekam, das Getto zu bestimmten Stunden für »offizielle« Gänge zu verlassen. Ich weiß nicht genau, was er machte, aber ich weiß, daß er draußen versuchte, Hilfe für die drinnen zu organisieren.

Philip war überarbeitet, erschöpft, und jeder Schritt, den er unternahm, war stets ein Schritt im Dienst der anderen. Er war so als Kind, er war so als Jugendlicher. Er ist so als Mann. Philip ist es ganz selbstverständlich, für andere verantwortlich zu sein. So wie es meiner Mutter selbstverständlich war. Mehr als all wir anderen ähnelt Philip ihr, die sich ganz von den Worten leiten ließ: »Ich bin meines Bruders Hüter.« Es gibt solche Leute. Ganz und gar hilflos ausgeliefert zu sein, ist wahrscheinlich für jemanden wie sie schmerzlicher als für uns alle.

Auschwitz eignete sich zu nichts. Was konnte man dort tun, um ein menschliches Wesen mit einem sozialen Bewußtsein zu sein? Was konnte man dort tun, um überhaupt ein menschliches

Wesen zu sein? Obwohl alles gegen ihn stand, Philip fand einen Weg heraus, Kommunikation aufzubauen. Er war in einem der Männerlager ein Stück weit entfernt, wie alle Lager durch einen elektrischen Stacheldrahtzaun von unserem getrennt. Ihn einmal berühren bedeutete Stromschlag – Tod.

Irgendwie beschaffte sich Philip ein Messer: Er sammelte kleine Holzstücke und fing an, Botschaften einzuritzen: »Meine vier Schwestern sind in Lager C. Ihr Name ist Katz. Wer dieses Stück Holz findet, bitte so lange über die Zäune werfen, bis es in Lager C ankommt«. Und wie durch ein Wunder kamen die Nachrichten immer bei uns an. Die »Postboten« von Auschwitz, eine ungebrochene Kette von Opfern, lieferten die Holzbotschaften ab. Täglich an fast derselben Stelle, um fast dieselbe Zeit standen wir da und warteten auf die »Post« unseres genialen Bruders, des Hüters unserer Willenskraft. Die Mitteilung besagte immer daselbe: »Ihr müßt durchhalten. Ihr müßt leben. Ihr müßt. Wir müssen es ihnen nicht nur heimzahlen. Das reicht als Grund nicht aus. Wir müssen eine Zukunft schaffen ohne Blutvergießen.«

Und obwohl man auf dem Planeten »Auschwitz« verstümmelt wurde zu einem Tier, haben doch vielleicht, Philip, deine Geschenke aus Holz zu unserem Überleben beigetragen. Vielleicht. Danke, Philip.

Drei Wochen dieses Holzsegens ließen uns

unvorstellbaren Trost spüren, und wir fingen schon an, ganz von den leblosen Aufladern unseres sinkenden Muts abhängig zu werden. Dann hörten die »Briefe« auf. Wir standen endlose Stunden, endlose Tage und Wochen am üblichen Punkt. Wir weigerten uns, die wahre Botschaft zu akzeptieren. Philip ist nicht mehr unter uns. Er hat uns verlassen. Sein Vermächtnis ist in unsere gepeinigten Herzen übergegangen, aber sein Körper ist fort – aufgestiegen als Rauch, oder wie?

1945, als wir schon in Amerika waren, brachte der Postbote in New York meinem Vater einen Brief, der von einem amerikanischen Soldaten in Deutschland stammte. Der Soldat schrieb uns, er habe Philip befreit, doch Philip trage eine Schußwunde am Bein. Er sei jetzt im Krankenhaus. Er habe sechs Konzentrationslager überlebt, und er werde zu uns nach Hause kommen, sobald er gesund sei.

Danke, Soldat.

Danke, Philip, du Hüter unserer Willenskraft, du Menschenfreund.

DAS BABY

Die meisten von uns sind geboren, um zu leben –
zu sterben, aber vorher zu leben. Du, mein Liebes,
bist nur geboren worden, um zu sterben. Wie gut
nur von dir, vor dem Appell zur Welt zu kommen,
daß deine Mutter nicht strammstehen muß während deiner Geburt. Aus dem Unterleib auf den
Boden zu fallen und dabei von den Schenkeln der
Mutter wie von Engelsflügeln bedeckt zu werden,
ist zwar eine unendlich viel schönere Art zu sterben,
als in die Gaskammer geschickt zu werden. Aber
wir haben keinen *Zählappell*, so können wir um
euch herumstehen und den unterdrückten Schreien
deiner Mutter lauschen.

Und jetzt, da du geboren bist, bittet deine Mutter,
dich zu sehen, dich zu halten. Aber wir wissen:
Wenn wir dich ihr geben, wird es einen Kampf
bedeuten, dich wieder fortzunehmen, deshalb können wir es nicht zulassen, daß sie dich sieht, denn
du gehörst ihr nicht. Du gehörst der Gaskammer.
Deine Mutter hat keine Rechte. Sie hat nur Futter
für die Gaskammer hervorgebracht. Sie ist keine
Mutter. Sie ist nur eine dreckige Jüdin, die die

arische Landschaft mit einem neuen dreckigen Juden beschmutzt hat. Wie kann sie es wagen, dich als menschliches Wesen zu sehen? Und deshalb, liebes Baby, bist du auf dem Weg zum Himmel, um einen kürzlich dort Angekommenen zu treffen, der dir einen lieben Kuß durch all den Qualm entgegenbläst, ein guter Freund, dein Erzeuger – dein Vater.

»ROLLENVERGABE IN AUSCHWITZ«

Es ist ein schöner, sonniger Sonntag. Sommer in Auschwitz. Die Krematorien legen eine wohlverdiente Pause ein. Entspannung liegt in der Luft. Die Sonne muß wohl unseren Seelen guttun, den tiefsitzenden Schmerz herausbrennen. Etwas ist ein ganz klein bißchen anders: Sie lassen uns ein wenig in Ruhe. Das ständige Reglementieren scheint etwas gelockert. Was bedeutet das? Wieso? Aus welchem Grund auch immer – es tut gut.

Der kleine rothaarige *Kapo* eilt geschäftig umher und stellt allerlei Fragen – wer kann welches Lied singen, welches Instrument spielen, welches Gedicht aufsagen: der spontane Rollenbesetzer. Es wird heute nachmittag auf der Lagerstraße ein Konzert geben, an dem sich jeder freuen kann – das ungewöhnlichste Kulturereignis auf Erden.

Rachel, die bekannt ist für ihren großartig dramatischen Gedichtvortrag, wird genommen. Sie kann Himmel und Hölle in Bewegung setzen, wenn sie die Worte rezitiert: »Bei diesem Anblick werden selbst die Stummen sprechen.« Und es gibt ein Cello, eine Geige, eine Flöte. Die Musiker spielen auf Stühlen sitzend. (Stühle? Wir haben keinen mehr gesehen, seit wir von zu Hause weg sind.) Tausende von Menschen sitzen in der Sonne auf dem Boden und saugen ungläubig die Musik in sich auf.

Was hat das alles zu bedeuten? Steht irgendeine Veränderung bevor? Haben die Deutschen plötzlich begriffen, daß auch wir eine Seele haben, die Nahrung braucht? Werden sie auch unseren Mägen zu essen geben? Was hat das alles zu bedeuten? Ist es wahr? Oder sind wir verrückt? Haben sie es tatsächlich geschafft, daß wir eingebildete Dinge sehen, eingebildete Klänge hören in unseren gemarterten Köpfen, Klänge, von denen wir vage erinnern, daß wir sie einmal liebten. Bitte, sage uns jemand, was geht hier vor?

Und jemand – oder richtiger: etwas – tut es. Flugzeuge fliegen über unseren Köpfen. Die Deutschen machen Fotos von der humanen Behandlung, die uns im legendären Auschwitz zuteil wird. Die Welt wird bald einen Beleg für Deutschlands Menschlichkeit haben.

MUSELMÄNNER

Selektionen. Selektionen. Selektionen. Um die *Muselmänner* auszumerzen. Einsam zu sein in Lager C war vielleicht eine Gnade. Schwestern zu haben, die noch leben, also nicht allein zu sein, war auch eine Gnade, aber durchsetzt von täglichen, stündlichen Prüfungen: Werden wir noch zu viert sein, wenn dieser Tag zu Ende geht?

Wenn man keine Schwestern hat, hat man nicht den Druck, die volle Verantwortung, den Tag zu überleben.

Wie viele Male hielt uns diese Verantwortung am Leben? Ich kann es nicht sagen. Ich kann nur sagen, die vielen Male, die ich selektiert wurde, wußte ich immer, daß ich zu meinen Schwestern zurückmußte, auch dann, wenn ich zu müde war, mich zurückzukämpfen, wenn es leichter gewesen wäre, dem Weg des Rauchs zu folgen, wenn ich ihm folgen wollte, wenn es beinahe wünschenswert schien. Aber dann wußte ich auch, daß meine Schwestern – obwohl in vollem Bewußtsein, daß ich selektiert worden war – meine Rückkehr nicht nur erhofften, sie erwarteten sie geradezu. Die Last, diese Erwartung zu erfüllen, mußte ich tragen, und es war schwer.

Verdoppelt es nicht die Lebenskraft, wenn du nicht bloß für dich selbst am Leben bleibst, sondern auch, weil ein anderer es von dir erwartet? Vielleicht. Vielleicht.

Rachel, die verletzbarer war als wir anderen, flehte uns so oft an: »Wenn ich von euch getrennt werde, wenn sie mich abtransportieren, rechnet nicht mit mir. Allein schaffe ich es nicht. Will ich es nicht schaffen. Jede Anstrengung, die ich gegenwärtig mache, unternehme ich nur für euch. Ich hänge nicht mehr am Leben, es sei denn, wir bleiben zusammen. Nur dann. Sobald wir es nicht mehr sind, bin ich auf dem Weg ins Krematorium, und das ist mir dann auch recht. Ihr zwingt mich, am Leben zu bleiben, und ich bin so müde.«

Rachel schlief so gut wie gar nicht – viel weniger jedenfalls als wir übrigen. Das Entsetzen, von uns getrennt zu werden, hielt sie wach. Nur das Entsetzen vor der Trennung, nicht die Angst vor dem Tod. Wir flehten sie unablässig an, sie solle versprechen, um ihr Leben zu kämpfen, falls wir getrennt würden. Sie flehte uns ebenso unablässig an, nicht derart viel von ihr zu verlangen.

Die Verantwortung, am Leben zu bleiben, wurde zur eigenen Folter. Manchmal verdoppelte sie die Wachsamkeit, manchmal wünschte ich mir, allein zu sein und nicht vierundzwanzig Stunden am Tag gegen den Strom schwimmen zu müssen. Letzten

Endes war das Geschäft von Auschwitz der Tod. Nicht überall ist der Tod so leicht zu haben.

Ich bin müde. Laßt mich gehen ... Nein, wir lassen dich nicht. Unsere Aufgabe ist das Leben.

Meine lieben Schwestern, ihr erwartet zuviel. Und ich erwarte zuviel von euch. Aber der Wahnsinn von Auschwitz muß durchsetzt werden von Sinn, wenn das Leben weitergehen soll. Und der einzige Sinn zu leben muß für uns vier lauten, da zu sein, wo die Sonne scheint, oder der Rauch schwärzt den Himmel. Das gilt für uns alle. Gemeinsam.

Chicha arbeitete in der *Unterkunft.* Einige von den fünfzig Kilo Habseligkeiten, die wir auf dem Rücken schleppten, als sie uns zur Deportation zum Bahnhof zerrten, wurden in der *Unterkunft* aussortiert. Es ist der Ort, wo Chichas Tränen auf den Schlafanzug meines Bruders fielen, als sie den Flikken entdeckte, den meine Mutter daraufgenäht hatte. Die *Unterkunft* war einer der wenigen Orte in Lager C, wo sogenannte Arbeit verrichtet wurde. Lager C war ein *Vernichtungslager.* Die Deutschen hielten uns dort nicht, um zu arbeiten, sondern um *Muselmänner* zu werden, Futter fürs Krematorium.

Hast du jemals einen *Muselmann* gesehen? Hast du jemals hundertzwanzig Pfund gewogen und bist dann auf vierzig Pfund heruntergekommen? So in etwa – nicht richtig lebendig und nicht richtig tot. Kann sich das heute überhaupt jemand, kann ich es mir selbst noch vorstellen?

Die *Unterkunft* war ein Ort, wo man nur dann

und wann mal unbeobachtet hingehen und etwas stehlen konnte – man nannte das »organisieren« –, und Gelegenheiten zum Organisieren boten sich äußerst selten. Aber Chicha brachte einmal ein Messer heraus, das sie im Schuh versteckt hatte, und wenn wir dann unser Brot (war es wirklich Brot? Es schmeckte nach Sägemehl ...) in papierdünne Wunder schnitten, konnten wir uns vortäuschen, eine Menge zu essen zu haben. Und daß unsere tägliche Ration tatsächlich größer war, als wir dachten.

Natürlich währte die Täuschung nur kurze Zeit. Der unvorstellbare Hunger erinnerte uns schnell daran, daß wir uns selbst betrogen. Aber wir belogen uns weiter. In unseren Köpfen war dies ein weiterer Akt des Widerstands. *Siehst du, Hitler, wir sind raffinierter als du. So halten wir uns die Muselmänner vom Leib.*

Zur Hölle, nein, wir schafften es nicht. Unsere Augen sanken tiefer in ihre Höhlen. Unsere Haut verfaulte. Unsere Knochen schrien aus unseren Körpern. Eigentlich gab es nicht mal einen richtigen Körper, um den Verstand zu beherbergen. Aber der Verstand arbeitete noch und übermittelte die Botschaft: *»Lebt! Lebt!«*

An diesem Tag fiel die SS sowohl durch den Vorder- als auch durch den Hintereingang der Baracken in Block 10 ein. Normalerweise überfielen sie uns nur durch einen Eingang. Das ließ eine Möglichkeit, durch den anderen Ausgang zu schlüpfen und so der Selektion zu entgehen – eine winzige Möglichkeit, aber immerhin, einige schafften es, auf die *Lagerstraße* hinauszuschlüpfen und so einigermaßen sicher zu sein bis zur nächsten Selektion. Immerhin ist eine Stunde Leben eine Stunde Leben. Warum dafür nicht rennen? Es wurde zur Lebensweise, zu einer Weise, den Tod hinauszuschieben.

Aber nicht an diesem Tag. Diesmal trat Mengele mit seinem ganzen Überlegenheitsgehabe auf, um sein überlegenes Urteil mit seinem rechten Daumen und seinem linken Daumen zu demonstieren: Dies ist ein *Muselmann*, das ist keiner – noch nicht. Er tat es mit einem Hauch von Eleganz. Kühl und elegant, ja, so war Mengele.

Als wir in der Falle saßen, wurden wir alle hysterisch. Tausend Gefangene hoffnungslos in Block 10 eingeschlossen. Die ganze Aktion der SS hatte nur ein paar Minuten gedauert.

Plötzlich, aus einem fürchterlichen Lebensinstinkt heraus, fingen Cipi, Rachel und ich an, den *Stubendienst* nachzumachen, die jüdischen *Kapos* mit ihrem Schreien, um für welche von ihnen gehalten zu werden und der Selektion zu entgehen. Chicha, die gerade in der *Unterkunft* arbeitet, muß inzwischen wissen, daß Mengele in Block 10 ist. Wir müssen hier raus, dachten wir, zurück zu ihr. Und wieder einmal: Wir müssen überleben. Also schrien wir mit all dem wichtigen Gehabe, als hätte man uns Pflichten übertragen, als gehörten wir zu der elenden Führung. Wir schrien Widersprüchliches. Wir schauten wichtig drein. »Bewegt euch! Stillgestanden! Hier lang! Da lang!« Irgendwas, Hauptsache wir überzeugten die SS, daß wir in Block 10 arbeiteten, daß wir der Bestie halfen. Unser Kampf ums Überleben war diesmal stärker als je zuvor. Die Sekunden, die uns vom Tod trennten, überwältigten uns mit einer Wirklichkeit, wie wir sie bei keiner Selektion zuvor gespürt hatten. Beide Türen waren verriegelt. Flucht war unmöglich. Aber wir durften auf keinen Fall zum Sterben selektiert werden. Wir mußten unbedingt in Block 10 bleiben bei denen, die auserwählt wurden zu leben. Sonst waren die *Muselmänner* nach der Selektion immer zu den Öfen weggeführt worden. So war es all die Male gewesen. Deswegen mußten wir unbedingt zurückbleiben.

Aber diesmal schlug der teuflische Scharfsinn der Nazis zu. Diesmal drehten sie ihre Prozedur um. Diesmal führten sie auch wie immer eine Gruppe Gefangene hinaus, aber jetzt, nach unserem wahnsinnigen Kampf, zurückzubleiben, sahen wir uns nicht umgeben von lauter sogenannten Gesunden, sondern inmitten der *Muselmänner*, dem Futter fürs Krematorium.

Nein! Nein! Nein! Wir gehen nicht ins Krematorium! Noch nicht. Nicht jetzt. Weil wir nichts als unser Leben verlieren konnten, rannten Cipi, Rachel und ich zu einer der beiden verriegelten Türen, die jetzt von einem ausgezehrten Insassen bewacht wurden. Mit einer Kraft, die nicht vom Körper ausgeht, sondern vom Willen, stürzten wir vorwärts. Der skeletthafte Wächter trat uns aus dem Weg, und wir krachten gegen die Tür. Der Riegel schnappte auf. Die Tür gab nach. Und wir standen draußen, auf der *Lagerstraße*.

Und dort stand auch Chicha – fest davon überzeugt, uns wiederzusehen, da bin ich sicher.

»Chicha, Chicha! Wein nicht!«

Irma Grese und Chicha

Ist das Gesicht ein Spiegel? Ist dieser Spiegel unfähig, soviel Grausamkeit zu erfassen, daß er ins Gegenteil umschlägt und statt dessen Schönheit ausstrahlt? Wie sonst hätte Irma Grese so wunderschön aussehen können? Makellose Haut. Natürlich blondes Haar. Fast perfekte Gesichtszüge. Wer schuf dieses schöne Monster? Wer war verantwortlich für diese Verhöhnung?

Irma Grese – in ihrer makellosen SS-Uniform, gewöhnlich mit einem hellblauen Hemd darunter, einer silbernen Waffe im Halfter und einem riesigen Hund an ihrer Seite. Das schöne Monster, unsere *Oberscharführerin*, die uns zweimal täglich beehrte und Spuren ihrer gnadenlosen Schreckensherrschaft hinterließ. Bisexuell.

Es heißt, daß Chicha ihr gefällt. Das äußert sich nur darin, daß sie sie jedesmal erkennt und mehr quält als die anderen oder (einmal) nicht in den Tod schickt. Das war der ganze Umfang ihres lesbischen Verhaltens gegenüber Chicha. Aber an einem bestimmten Nachmittag quälte sie Chicha in satanischer Weise.

Lager C, unser *Lager*, war für dreißigtausend Häftlinge angelegt; tausend in jedem Block. An diesem späten Sommernachmittag wurden die dreißigtausend Gefangenen, in Fünferreihen aufgestellt, mal wieder durchgezählt. *Zählappell* nannten sie das, und die Grese übernahm das Zählen. Oft war es reine Schikane, die SS behauptete, ein Häftling fehle, also müßten wir strammstehen in Reih und Glied, bis jeder einzelne Gefangene registiert war. Eigentlich brauchte die SS gar keine Gründe für das, was sie tat, und gewiß war noch nie jemand geflohen, aber die Vortäuschung von Gründen muß sie amüsiert haben, so oft sie darauf zurückkamen.

Diesmal kam die Grese zum Zählen nicht von der *Lagerstraße* – wo wir sie hätten kommen sehen und rechtzeitig strammstehen können. Diesmal kam sie hinter den Blocks vor. Solche Überraschungen spielten immer der SS in die Hände und machten uns noch hilfloser. Am Ende einer der *Fünferreihen* saß ein Mädchen auf dem Boden, um genügend Kraft zu sammeln, daß sie aufrecht stehen konnte, wenn die Grese auftauchen würde.

Beim *Zählappell* müssen alle Gefangenen die ganze Zeit strammstehen, egal wie viele Stunden der Appell dauert. Es ist eines der heiligen Rituale. Jede Abweichung ist eine Todsünde. Im Nachhinein kommt es mir vor, als ob nicht aufrecht zu stehen ein subtiles Zeichen versiegenden Lebenswillens und der Bereitschaft fürs Krematorium gewesen sei. Das ist vielleicht eine zu große Verallgemeinerung; trotzdem ist der Rückschluß unausweichlich, denn der Lebenswille scheint uns immer wieder angetrieben zu haben, noch einen einzigen weiteren *Zählappell* lang strammzustehen. Damals dachte ich nicht darüber nach, aber was sonst, wenn nicht der Lebenswille, ließ mich mit vierzig Grad Fieber und so schlimmem Typhus aufrecht stehen, daß unser lieber, ausgemergelter Doktorfreund, ein Mitgefangener, immer wieder sagte: »Zu Hause wärst du, trotz bester Pflege, längst tot.«

Das Mädchen, das auf dem Boden ausruhte, wurde von der Grese erwischt. Aber die Grese schrieb das »Verbrechen« nicht dem Mädchen zu, sondern Chicha. Der Zustand, sich von Chicha angezogen zu fühlen, nahm bei der Grese, wie alles in ihrem Leben, perverse Züge an. Sie riß Chicha aus der Reihe, um sie zu bestrafen. Sie zerrte sie mitten auf die *Lagerstraße*, damit alle sehen konnten, daß sich Verbrechen nicht auszahlt. Sie ließ sie hinknien, hob Chichas Arme steil nach oben und legte ihr zwei schwere Steine in jede Hand. Dann befahl sie Chicha, für die Dauer des *Zählappells* ihre Arme oben zu halten. *»Und wehe, du bewegst die Arme! Wenn du es tust, stirbst du! Ich komme wieder, um nachzusehen«!* Und das tat sie auch, immer und immer wieder, und verhöhnte Chicha: *»Gefällt's dir? Oder hast du etwa schon genug?«* Sie berührte Chichas Arme mit der Peitsche. *»Sie sind nicht gerade genug. So sollst du sie halten.«*

Tausende Augen starrten die knochendürre Ge-

47

stalt auf der *Lagerstraße* an, die zwei Felsen zu halten schien, so zerbrechlich wirkte sie im Vergleich zu den Steinen. Sie selbst ein Fels – und all die Augenpaare der Häftlinge sahen auf zum Himmel und beteten: »Gott, laß nicht zu, daß sie die Steine fallen läßt, weil sie sonst stirbt und mit ihr ein bißchen von unserem Glauben, unserer Entschlossenheit, zu leben und diese Geschichte zu erzählen. Gott, hilf uns, sie mit unserer vereinten Willenskraft zu erfüllen. Halt ihre Arme gerade. Gib uns die Kraft, uns ganz auf sie zu richten, vielleicht werden wir dann alle leben. Verlaß uns nicht. Die Stunde, in der sich Gut und Böse gegenüberstehen, ist hier, ist jetzt, auf diesem häßlichen Stück Erde, von Gaskammern und Krematorien entstellt, die millionenfach die höchste Form des Lebens verschlingen, wovon jedes neun Monate brauchte, um in die Welt hinauszuschreien. Sie schreien nicht mehr. Ihr Schweigen macht die Ohren Chichas taub. Ihr Schweigen hält die Arme Chichas ausgestreckt. Der Chor der Toten flüstert ihr leise zu: »Halt deine Arme gerade. Für die Toten und die Lebenden. Für die Toten und die Lebenden.«

Wütende Gedanken schossen uns durch den Kopf: *Das vorgeführte Wesen da vorn auf der Lagerstraße ist unsere Schwester. Ein Heiligenschein glänzt um ihren eingefallenen Körper. Ihre Kraft wird grausam auf die Probe gestellt. Die Kraft ihrer drei Schwestern wird ebenfalls auf die Probe gestellt. Wird sie es schaffen? Wie lange noch kön-*

nen wir ihr Aushalten aushalten? Vertrau mir! Vertrau uns!

Die Nichtjüdin aus Budapest, eine Adlige, die nach Auschwitz gebracht worden war, weil sie ein unverzeihliches Verbrechen begangen hatte – sie hatte ihren jüdischen Freunden geholfen ... Ich erinnere mich nicht mehr an ihren Namen, nur noch an ihr aristokratisches Gesicht, verzerrt und hungrig. Sie war die fünfte in unserer *Fünferreihe* gewesen. Später starb sie in den Öfen, aber jetzt war sie bei uns, und wir liebten sie, und sie liebte uns. Es hatte für lange Zeit nicht der geringste Bedarf an intellektuellen Äußerungen bestanden; nur die Überlebenssprache war an diesem Ort von Bedeutung. Aber mit jener Frau sprachen wir tatsächlich dann und wann über Bücher. Merkwürdig müssen die Gedanken der Hungrigen sein, daß noch, wenn der Körper hungert, der Geist weiter gefüttert werden will.

Diese vornehme Nichtjüdin stand jetzt neben uns, als wir Chicha ansahen, und ihre Worte werden mir mein Lebtag im Gedächtnis bleiben: »Ich mußte meine Freunde retten. Ich mußte einfach. Doch durch diese Monate des Leidens habe ich über den Luxus der Privilegierten nachgedacht, die ich aufgab. Ja, manchmal – so sehr ich mich dafür schäme – schleichen sich Zweifel, auch Reue in meinen Kopf. Aber heute« – und dabei warf sie Chicha einen langen, mitfühlenden Blick zu – »weiß ich mit absoluter Gewißheit, warum ich hier bin. Dies ist der Ort, wohin ich gehöre. Ich könnte nirgendwo anders sein. Die Schuld, ein verschwenderisches Leben zu führen, während all dies um mich herum geschieht, würde mir die Eingeweide aus dem Leib reißen. In diesem Moment der Geschichte gehöre ich hierher, zu euch, zu den Unschuldigen, zu Chicha mit ihren gen Himmel gestreckten Armen. Ich gehöre an die Seite von euch dreien, um eure verwundeten Herzen zu umarmen, und ich sage dir mit absoluter Sicherheit, daß sie es schaffen wird.«

Endlose Stunden vergingen, während wir in unseren Reihen standen. Endlich kam die Grese zurück. Sie schritt hinüber zu Chicha. Sie wußte, daß sie verloren hatte. »Nimm die Steine runter«, sagte sie.

Rachel

Es ist jetzt Oktober 1944. Sechs Monate nach unserer Ankunft, und wir vier leben noch alle. Wir sind bislang jeder einzelnen Selektion entgangen. Aber jetzt ist Sonntagmorgen, und eine überraschende Selektion findet statt – überraschend wie immer.

Rachel, unsere kleine Schwester, ist zu jung, ihr Körper und ihr Verstand sind zu brüchig geworden. Sie wird es aller Wahrscheinlichkeit nach nicht schaffen. Sie ist schon zu gewillt für den Ofen. Aber es darf nicht geschehen. Wir müssen sie am Leben halten. Wir lieben sie zu sehr.

Mengele selektiert ein Stück weit entfernt von uns. Er selektiert die *Muselmänner*, die, die völlig ausgemergelt sind, die keine Chance haben, für den Transport zur Zwangsarbeit ausgesucht zu werden. Er selektiert für den Ofen.

Mit einem Mal versuchen wir krampfhaft, Rachel gesünder aussehen zu lassen, älter (sie ist erst fünfzehneinhalb). Mengele darf seinen Willen nicht kriegen. Wir werden sie am Leben halten.

Eine von uns hat ein Stück Tuch. Wir binden es ihr als Kopftuch um. Wir legen es ihr als Kopftuch

um. Wir bringen sie dazu, auf Zehenspitzen zu stehen, ganz gegen ihre Einwände, daß sie keine Kraft
für solche übermenschlichen Anstrengungen habe.
Wir kneifen ihr Gesicht, bis es unnatürlich rot
wirkt ...

Mengele geht an ihr vorbei.

An diesem Tag ist das Krematorium um unsere
kostbare Schwester betrogen worden. Heute hat
Hitler verloren, und wir haben gewonnen – List
gegen Macht. Wir werden einen weiteren Tag
leben.

Ruhe

Ja, sechs Monate in Auschwitz. Und wir vier leben immer noch. Und wir sind zusammen – das ist das einzig wirklich Wichtige. Wir berühren einander. Cipi, Chicha, Rachel, Isabella – die vier Geschwister zusammen, und wir scheinen zu leben. Wir sind in Trance, wir wiegen wahrscheinlich jeder nicht mehr als vierzig, fünfzig oder sechzig Pfund, aber Wörter lösen sich von unseren Lippen, also müssen wir noch leben. In einer Weise, die nicht von dieser Welt ist.

Wir ähneln nichts, das wir jemals gesehen haben, andererseits wissen wir gar nicht mehr, wie etwas aussieht. Oder jemand. Wir leben unter *Muselmännern*. Die ganze Welt muß von *Muselmännern* bevölkert sein. Die Deutschen sehen aus wie etwas, das wir schon mal gesehen haben. Sie haben rote Backen, tadellose Uniformen, aber die Krankheit ihrer Seele und der Gestank des Todes um sie herum sind so beherrschend, daß wir Zweifel haben, ob sie wirklich sind.

Wir sind unschuldig und schön. Wir haben nichts mit ihnen gemeinsam. Sie sind Deutsche. Wir wurden von Müttern geboren, von denen der Geruch verbrannten Fleisches die Luft durchdringt. Doch was brachte die Deutschen zur Welt? Wer zeugte sie?

Das kleine Baby, das gestern geboren wurde und dessen Mutter am Leben blieb, weil ihre Schwangerschaft nicht bemerkt wurde, ist bereits auf dem Weg ins Krematorium. Es wurde nur geboren, um sofort wieder zu sterben. Warum die Eile, Kleines? Hättest du nicht warten können, bis der Anstreicher tot ist, um dann leben zu können? Hätten die Götter nicht eine längere Schwangerschaft einrichten können, daß das Böse, nicht das Leben getötet würde?

Für einen Moment, für einen kurzen Moment, hatten wir den wirklichen Geschmack von einem wirklichen Leben. Wir berührten das liebe kleine Ding, bevor es in ein Stück Papier gewickelt und schnell der *Blockältesten* übergeben wurde, damit die SS nicht herausfand, wer die Mutter war. Die hätte das Baby auf dem Weg in die Öfen begleiten müssen. Jene Berührung war so wunderbar. Werden wir je wissen, wie es ist, ein Kind zu gebären? Nicht hier. Vielleicht da draußen, wo sie Windeln haben und Rezepte und Kinderwagen – und Leben.

Und dann war November 1944. Die Auschwitz-Geschichte mußte beendet werden, weil bald die Russen einmarschieren würden und die Deutschen dachten: *»Laßt uns ein paar von diesen Muselmännern zur Zwangsarbeit schicken und den Rest im Krematorium verbrennen. Laßt uns die leidige*

*Auschwitz-Geschichte ein für allemal zu Ende
bringen.«*

Nicht viele waren mehr in Lager C übrig, meinem
Lebensraum der letzten sechs Monate. Sie trieben
uns zusammen. Um uns wohin zu bringen? Zur
Zwangsarbeit? In die Öfen? Was von beiden steht
uns bevor? Spielt es eine Rolle? Wir vier sind
zusammen – nur das ist wichtig.

Und sie führten uns fort aus diesem Paradies. Ich
sage »Paradies«, denn bisher hatte jede Veränderung stets Verschlechterung für uns bedeutet. Vielleicht würde die nächste uns danach sehnen lassen,
wo wir jetzt waren. Und wirklich, sie brachten uns
zum Krematorium.

Wir standen dort die ganze Nacht. Der Rauch spie
wütend aus den Schornsteinen und brachte damit
eine Illusion von Wärme in die schrecklich kalte
Novembernacht. Die Ruhe, die sich einstellte, werden wir niemals vergessen. Wir hatten es bis hierher zusammen geschafft. Wir hatten ihnen den
Spaß verdorben, uns in vier verschiedene Richtun-
gen zu reißen. Für einen allein war es egal, in
welche Richtung er ging – er ließ niemand zurück.
Wenn es möglich war, vier Mitglieder einer Familie
zu retten, war nur wichtig, daß alle denselben Weg
gingen. Das tun wir jetzt. Dies ist unser letzter Aufenthalt. Nichts kann mehr etwas ändern. Wir lassen
niemanden zurück. Es ist unabänderlich, aber wir
fühlen eine Ruhe, die wir niemals zuvor empfun-
den haben. Wir sind zusammen und können allem

ins Auge blicken, was immer dem Ende dieser langen, stillen, ruhigen Nachtwache folgt. Zusammen in die Öfen. Ein Dankesgruß, gemeines Schicksal.

Doch dann kam das Ende dieser kalten Novembernacht. Und wie so oft zuvor wurden die deutschen Befehle geändert. Die Gruppe, die für das Krematorium bestimmt war, wurde in eisige Waggons kommandiert, um in ein anderes Konzentrationslager geschickt zu werden.

Adieu, Auschwitz. Ich werde dich nie mehr wiedersehen. Ich werde dich immer sehen.

BIRNBÄUMEL

Auschwitz lag hinter uns. Birnbäumel, im Osten des
Deutschen Reichs, war unser neues KZ-Zuhause. Es
hatte einen großen Vorteil: Es besaß kein Krematorium. Es hatte einen weiteren großen Vorteil: Es
gab keine elektrischen Zäune, die man – wie es so
viele in Auschwitz getan hatten – berühren konnte,
um zu sterben. Das Lager befand sich am einen
Ende des Waldes. Die Panzerfallen, die wir gruben,
lagen am anderen Ende. Um von einem Ende zum
andern zu kommen, mußte man durch die Stadt
marschieren, zweimal am Tag, hin und zurück.
Jeden Morgen schickten sie uns durch die Stadt –
tausend bewachte junge Frauen. Unser jämmerli-
cher Anblick hätte ein Tier zum Weinen gebracht.
Aber nicht die Deutschen.

Kirchenglocken läuten. Der Duft frischen Brotes
aus Bäckereien. Kinder, die in die Schule gehen.
Das Leben einer Kleinstadt. Es war sogar ein bißchen wie zu Hause. Dann, gegen Abend, schickten
sie uns wieder durch die Stadt. Aber die Deutschen
sahen uns nie. Frag sie. Sie sahen uns nie. Wenn ich
mir recht überlege, sahen sie uns wirklich nie. Es

war unter ihrer arischen Würde. Wir waren bloß ein Haufen dreckiger Juden. Warum also uns eines Blickes würdigen? In der Behaglichkeit ihrer vier Wände schenkten sie vermutlich ihren Katzen, Hunden oder was sonst zärtliche, liebevolle Blicke. Sie waren empfindsam. Sie waren kultiviert. Deutschland war ein einziges riesiges Konzentrationslager mit Juden, die längs und quer durch das Land marschierten, aber diese kultivierten, empfindsamen Deutschen sahen uns nie. Zeig mir einen Deutschen, der mich jemals gesehen hat. Zeig mir einen, der uns jemals etwas antat.

Es war Dezember, wir hatten diesen fetten *Oberscharführer*. Sein Wanst allein hätte ihn warmhalten können. Er war einer unserer Aufseher, und gewöhnlich stand er an der Feuerstelle, die wir im Wald errichtet hatten. Während er uns mit seinem Gewehrkolben vom Feuer fortjagte, wärmte er selbst seinen massigen Steiß. Das Feuer war wirklich zweckmäßig. Wir konnten die Erde anders nicht umgraben. Sie war gefroren. Sie mußte erst aufgetaut werden. Haltet die Erde warm. Aber nicht die Juden.

In diesem Wald hielt das Feuer des Widerstands meinen gefrorenen Körper am Leben. Meine Mutter hatte mir erklärt, daß ich niemals meinem Feind helfen dürfe. In diesem Wald in Birnbäumel, mitten im Dezember, erinnerte ich mich daran. Ich beherzigte ihren Rat und überlebte. Die anderen Gefangenen schaufelten fleißig, als ob sie ein Schloß für

58

sich selbst bauten, und behaupteten, sie könnten nur durch ganz harte Arbeit den Anschein von Wärme aufrecht erhalten. Stimmt. Und doch auch wieder nicht. Ich bat einige von ihnen, die Arbeit zu sabotieren, ihre Schaufeln nur dann aufzunehmen, wenn die Deutschen die Feuerstelle verließen, um ihre Runde zu machen. Sie konnten oder wollten nicht verstehen. Während ich nur meiner inneren Stimme folgen konnte, der unfehlbaren Wahrheit, die meine Mutter mich gelehrt hatte.

Ich war ein Ein-Frau-Sabotage-Team. Sobald die Deutschen weggingen, legte ich meine Schaufel nieder und hörte auf zu graben. Schaufeln symbolisierte für mich, mein eigenes Grab zu schaufeln. In Wahrheit entsprach es dem auch. Und selbst an diesem Ort mußte ich die Selbstachtung bewahren. Mein ausgemergelter Körper beherbergte immer noch eine Seele, die beachtet und gepflegt sein wollte, und wenn ich sie hegen konnte, dann tat ich es.

Schläge aufs Zelt

Birnbäumel war eigentlich kein Ort für Erkenntnisse, aber aus einem unerfindlichen Grund wurde ich mir ausgerechnet dort meiner eigenen angeschlagenen Menschlichkeit bewußt. In der ersten Nacht, als wir in Birnbäumel angekommen waren, hörte ich durch Zufall mit an, wie der *Oberscharführer* seinen SS-Kollegen Instruktionen gab. Sie sollten zehn Kapos unter den Häftlingen auswählen – einen für je hundert Lagerinsassen. Das war anders als in Auschwitz, wo ein Kapo auf tausend Leute kam – ganz zu schweigen von den diversen üblen Rängen unterhalb der Kapos.

Das deutsche Genie kannte natürlich Variationen des Bösen. Eine davon bestand darin, die Folterer unter den Insassen selbst bestimmen zu lassen. Bruder gegen Bruder. Schwester gegen Schwester. Und wenn man lange genug überlebt hatte, wußte man, daß der kleinste Vorteil helfen konnte, durchzukommen. In vielen Fällen kamen die Deutschen mit ihrem Plan ans Ziel. Sie schafften es tatsächlich, einige von uns zu brutalisieren. Aber nur einige. Nur ein paar. Eine kleine Anzahl von Menschen überlebte bis zu fünf oder sechs Jahre. Über so lange Zeit entmenschlicht zu sein, kann einen unvorstellbaren Preis fordern. Ich meine nicht nur die Entmenschlichung der Seele, sondern gleichzeitig die Entmenschlichung des Körpers. Die deutschen Haßtiraden und wie die Deutschen ihre eigenen Leute zu hassen lehrten, das alles zielte ausschließlich auf ihre Seele (wenn sie denn je eine hatten). Die deutschen Körper waren dagegen wohlgenährt von dem Essen, das Hitler aus einem Land nach dem anderen stahl. Aber wir tranken Urin und aßen Sägemehl. Man kann das nicht lange tun und dabei mutig, menschlich und aufrecht bleiben.

Als es soweit war, war ich bereit, mich zum *Kapo* bestimmen zu lassen. Wenn ich es schaffe, *Kapo* zu sein, dachte ich mir, wer weiß, vielleicht können wir dann am Leben bleiben und irgendwann unsere Befreier willkommen heißen. Ich schulde es meinen Schwestern, uns alle am Leben zu erhalten. Ach, lieber Gott, zeig mir, wie man ein Kapo wird!

Und ich wurde gewählt. Ich wurde ein *Kapo*. Und unter Ausnutzung meiner neuen Autorität war ich in der Lage, Rachel als Kloputzerin für das Lager einzusetzen, Chicha verantwortlich zu machen, daß es in unserem Zelt (einer schirmartigen Holzbaracke) sauber war, und Cipi als Gehilfin ihr zur Seite zu stellen. All dies bedeutete, daß sie nicht täglich draußen im Wald graben mußten und abends mit erfrorenen Beinen zurückkamen wie so viele.

Eine meiner Pflichten als *Kapo* war es, die

Gefangenen zusammenzutreiben, die versuchten, sich vor dem Gang in den Wald zu drücken. Das geschah täglich, und die verantwortliche SS-Frau gab mir einen riesigen Stock und zeigte mir, wie ich die Flüchtigen schlagen sollte. Mit dem Stock in der Luft herumwedelnd, rannte ich schließlich durchs Lager und schrie so laut ich konnte Befehle. Ich versuchte so brutal wie möglich zu klingen und schlug so hart mit dem Stock zu, wie ich es schaffte. Aber am Ende entdeckte mich die SS. Ich prügelte auf die Zeltwände ein, nicht auf die Gefangenen. Ich konnte es einfach nicht ... Ich *konnte* niemanden verletzen. Mit einem Schlag stürzte ich in Ungnade. Zwei Tage lang war ich Kapo gewesen. Ich wurde nicht erschossen, aber von da an erkannten sie mich immer als den *Ex-Kapo* wieder und ließen mir keine Chance, dem Gang zum Wald zu entrinnen.

MEIN HERZ SCHLÄGT

Mein Herz schlägt. Schneller und schneller. Es wird
mich treffen. Der *Oberscharführer* wird mich auswählen. Ich weiß es genau. Zusammen mit einigen
anderen. Um das tote Mädchen zu seinem Grab zu
tragen. Ich kann das Grab schaufeln, aber bitte, bitte
wähl mich nicht aus, die Leiche zu tragen. Sei gnädig. Ich kann den toten Körper nicht tragen. In meinem Innern, ganz tief in mir bin ich selbst noch ein
Kind. Den toten, kalten Körper kann ich nicht anfas-
sen. Es macht mich zittern. Bitte. Bitte.

Es gibt in Birnbäumel kein Krematorium, in dem
man die Toten verbrennen kann. Die Toten müssen
tatsächlich beerdigt werden, draußen in einem
gewissen Abstand zum Lager. Es geschieht nachts,
in der drohenden Nacht, und ich fürchte mich. Ich
fürchte mich schrecklich. Nimm nicht mich.

Aber er nimmt mich. Und schon ist die erbar-
mungswürdige kleine Gruppe auf dem Weg zum
Hügel, um ihre heilige Mission zu erfüllen. Chicha
ist zur Totengräberin bestimmt worden, und vier
weitere sind auserwählt, die Leiche zu tragen. Wir
sind auf dem Weg zu einem Flecken Erde in einem

fremden Land, das sich vollgesogen hat mit dem Blut der unschuldigen, jungen, unglücklichen, gepeinigten Kinder gepeinigter jüdischer Mütter, die es wagten, in einem Zeitalter des Todes Leben zu schenken.

Ich bin gerade dabei, meine zitternden Handflächen unter den Körper gleiten zu lassen, als Chicha sanft, teilnahmsvoll in mein Ohr flüstert: »Ich werde meine Hände unter die Leiche legen, und dann legst du deine Hände auf meine.« Tränen fließen mir die Wangen hinunter. Nicht wegen des toten Mädchens, sondern wegen der immer noch lebendigen Güte, die nicht begraben sein will, wie sehr auch der Wahnsinnige versucht, Gottes Stimme im Menschen zum Schweigen zu brigen.

Ruhe in Frieden, junges Mädchen. Die funkelnden Sterne da oben müssen die weinenden Kinder deines Schoßes sein. Des Schoßes, des wunderbaren Schoßes, der Behausung, die das Leben feiert, wo das Leben lebendig ist, wo nicht die Leichen junger Mädchen hinaus in die Nacht getragen werden. Ruhe in Frieden, junges Mädchen.

Im »Krankenhaus« von Birnbäumel

Der tägliche Gang in den Wald forderte seinen Tribut. Mein Körper und meine Seele, sie beide hingen am seidenen Faden. Als ich Typhus bekam, brachte man mich schließlich ins *Revier* – die Konzentrationslager-Version eines Krankenhauses. Es ähnelte keinem Krankenhaus, das je ein Mensch gesehen hat. Geschlafen wurde auf dem kalten Boden, gleich dort verrichtete man auch seine Notdurft, denn niemand war mehr Mensch genug, hinauszugehen. Und natürlich wurde man dafür geschlagen.

Der einzige Vorteil, im *Revier* zu sein, war der, daß man nicht mehr hinaus in den Wald mußte. Man lag meistens mit Leuten zusammen, die nicht mehr gehen konnten, die hoffnungslos an Brand litten. Der Geruch konnte einen verrückt machen, aber es störte einen nicht mehr, weil man auch selbst nur noch wenige Tage Leben in sich barg, ehe der Tod willkommen sein würde.

Meine Schwestern kamen jede Nacht, um mir Leben in meinen halbtoten Körper einzuflößen. »Bitte, bitte, halt dich am Leben. Wir haben so lange ausgehalten – es wäre ein Frevel, jetzt aufzugeben.

Du mußt aushalten. Das Ende der Nazis muß nahe sein.« Und »Hier ist ein kleines Stück Brot«, sagte Chicha. »Du mußt nicht glauben, daß ich es mir abgerungen habe. Ich bin wirklich nicht hungrig, wirklich nicht.«

Und sie kamen jede Nacht, um mir Leben einzuflößen. Ich bin sicher, daß ich nicht leben wollte. Aber jede Nacht waren sie da – voller Angst, daß das Knochengestell, das sie Schwester nannten, nicht mehr am Leben sein würde.

Aber das Knochengestell besaß ein Herz, das sich weigerte, mit Schlagen aufzuhören. Und das Knochengestell hieß die drei Besucherinnen mit den tiefliegenden Augen willkommen.

22. JANUAR 1945

Wir haben Birnbäumel verlassen. Wir sind jetzt in einer anderen deutschen Stadt. Ich glaube, wir stecken nicht weit von Breslau. Könnte sein, daß es sich bei der Stadt um Prausnitz handelt. So hab ich es jedenfalls in Erinnerung. Es ist Montag, der 22. Januar 1945. Feierabend: Die ganze Stadt eilt nach Hause. Diesmal müssen wir nicht mitten durch das Menschenspalier, sondern mischen uns unter die heimkehrenden Städter. Diesmal werden wir von den SS-Leuten nicht so erniedrigend in Reih und Glied gestellt, nicht so erschreckend durchorganisiert. Das ist ganz untypisch für die Deutschen. Das System, so scheint es, beginnt auseinanderzubrechen.

Ich habe ein seltsames, unwirkliches Gefühl – als wäre ich beinahe ein Teil der gräulichen Dämmerung dieser Stadt. Aber auch in diesem Fall wird man selbstverständlich keinen einzigen Deutschen finden, der damals in Prausnitz lebte und jemals auch nur einen von uns gesehen hat. Aber wir waren da: hungrig, zerlumpt, mit Augen, die schrien nach Essen. Und niemand hörte uns. Wir verschlangen

67

den Geruch geräucherten Fleisches, der uns aus den verschiedenen Läden entgegenwehte. Bitte, schrien unsere Augen, gebt uns den Knochen, den euer Hund zu Ende genagt hat. Helft uns, zu leben. Ihr tragt Mäntel und Handschuhe, wie es Menschen eben tun. Seid ihr keine Menschen? Was ist unter den Mänteln? Wer ist des Wahnsinns? Ihr? Oder wir? Bitte kann uns das jemand sagen?

Plötzlich steckt da im offenen Abwasserschacht zu meiner Seite eine merkwürdig aussehende Mitgefangene und hastet nach einem Versteck. Gott mit dir. Unmöglich, zu entkommen, aber vielleicht bist du die, der es gelingt. Allein für den Mut, den du aufbringst, hast du's verdient.

Und sie schaffte es wirklich. Sie kam unentdeckt außer Sichtweite. Aber schon einen Augenblick später war sie zurück, war sie wieder in die Reihe der Gefangenen zurückgekrochen.

»Ich konnte euch nicht verlassen. Ich kann nicht leben, wenn ihr sterben müßt. Entweder entkommen wir alle, oder wir werden gemeinsam sterben.« Das dürre, hastende Ding war meine Schwester.

Liebe Chicha, wie lange wird unser Pakt noch halten? Müssen wir denn alle sterben, wenn wir nicht zusammen überleben? Wir müssen lernen, die Fessel zu zerreißen. Darin liegt unser Leben. Unser Pakt muß enden, sonst wird niemand übrigbleiben. Wir brauchen unsere Befreiung schnell, oder wir werden sterben, weil nur noch ein kleiner Rest Leben in uns übrig ist. Wir müssen einen neuen Pakt schließen, jede für sich. Wir können nicht länger jeder für den anderen kämpfen wie bisher. Es ist nicht mehr genug Leben ins uns. Wir müssen nach Möglichkeiten Ausschau halten, nach jeder, die sich uns bietet, wenn es sein muß, für eine allein. Wir müssen eine andere Art zu leben und zu sterben lernen. Bitte, jeder von uns muß das verstehen. Der alte Pakt muß weg. Ein neuer muß an seine Stelle treten. Eine wird leben müssen. Eine muß. Keine Diskussion! Es ist endgültig. Wir können nicht alle sterben. Jemand wird die robusten Gene erhalten müssen. Eine muß leben, um die Geschichte zu erzählen.

Die Scheune

Diese Nacht verbringen wir in unserem neuen Lager, das in der Nacht zuvor von den Tausenden evakuiert wurde, die vor uns kamen. Aber es gibt nicht genug Raum; einige von uns werden in eine Scheune gesteckt. Da sind wir also, wir vier, zusammen mit einigen anderen elenden Kreaturen. Als die Morgendämmerung heraufzieht, versuchen wir uns tief im Heu zu verstecken. Vielleicht wird uns die SS nicht finden, wenn sie mit ihren Mistgabeln nach jenen stochert, die eigensinnig am Überleben festhalten.

Als wir tags zuvor das Waldlager von Birnbäumel verließen, um im eisigen Schnee nach Bergen-Belsen zu marschieren, ahnten wir nicht, daß wir deshalb so verzweifelt angetrieben wurden, weil uns die russische Armee dicht auf den Fersen war. Die Russen waren in der Tat so nahe, daß, wenn wir uns irgendwo in Birnbäumel versteckt hätten, den Deutschen gar keine Zeit geblieben wäre, nach uns zu suchen. Wir wären noch am selben Nachmittag von der russischen Armee befreit worden. Aber wir wußten es damals nicht. Das einzige, was wir wußten, war, daß die Deutschen es eilig hatten, uns weiter nach Westen zu bringen, und daß wir dies, wenn möglich, verhindern mußten. Deshalb gruben wir uns jetzt in der Scheune tief ins Heu.

Als die Deutschen fertig zum Weiterziehen waren, hatten sie natürlich keine Zeit mehr, nach jedem einzelnen Gefangenen zu sehen, der zu fliehen versuchte. Aber sie hatten auch nicht vor, ihre Juden so einfach gehen zu lassen. Sie waren zu teuflisch. Deshalb fingen sie an, Kartoffeln zu kochen. Bald erfüllte der Essensgeruch die Luft, und einen Augenblick später verflüchtigte sich unser ganzer trotziger Überlebenswille, den wir so lange genährt hatten.

Eine nach der anderen erhoben wir uns aus dem Heuhaufen und taumelten in Richtung Essen. Der Geruch der Kartoffeln war offensichtlich mächtiger als der Wille zu leben. Doch bis wir den Kessel erreichten, war nicht ein einziger Bissen mehr übrig.

Ja, die Deutschen waren raffinierter als wir – oder vielleicht nicht so hungrig. Unter solchen Umständen war es leicht, Todesspiele zu spielen, die Wahnsinnige schufen. Das Jahr 1945 war nicht so, daß einer von uns raffiniert sein konnte. Jene Zeit, jener Monat, jener Tag, sie wecken heute Scham in mir, weil ich nicht mehr hungrig bin und nicht mehr verstehen kann, wie ich meine Freiheit für den Geruch einer Kartoffel preisgeben konnte.

Das Heu war überall. Es war in unseren Augen, in

unserem Haar – es mußte sich sogar mit unserem Gehirn vermischt haben. Genau, das war es: Stroh im Kopf. Wie hatten wir uns einbilden können, wieder wie normale Menschen gehen, sprechen, fühlen zu können? Wir hatten es gewagt, in die Arbeit der Fabrikanten des Todes einzugreifen, und das darf man nicht tun. Die Bibel der Deutschen waren der Tod und die Demütigung und die Entmenschlichung, und sie waren so erfolgreich, daß sie sogar unsere Fähigkeit zu denken zerstörten und wir freiwillig in ihre Arme zurückliefen. So viele Jahrzehnte später tut es mir immer noch weh, daß diese Tiere in ihren tadellosen Uniformen, in ihren glänzenden Stiefeln die Schläue besaßen, uns an den Ort der Zerstörung zurückzulotsen, indem sie uns ein Aroma unter die Nase rieben.

Ich verfluche euch, sogar heute noch, aus der Distanz so vieler Jahre, weil ihr mich derart hungern ließt, daß es mich fast um den Verstand brachte und ich mich eurer Bosheit unterordnete.

Und ich entschuldige mich bei den Tieren, daß ich sie mit euch vergleiche, weil Tiere zweifellos humaner sind.

23. Januar 1945

Wieder sind wir in Reih und Glied unterwegs – das jämmerliche Tausend abzüglich der wenigen, die entkamen, der vielen, die starben –, zu Fuß, um die unendliche Entfernung nach Bergen-Belsen zurückzulegen. Unser jetziger Pakt wird nicht ausgesprochen, aber völlig akzeptiert. Jede der vier Schwestern hat nun (in der tiefen emotionalen Bedeutung des Wortes) die Freiheit, zu verschwinden, zu sterben, aufzugeben, zu leben. Die geringste Chance, einander moralisch oder körperlich zu helfen, hat aufgehört zu bestehen.

Der deutsche Osten ist im Januar bitterkalt. Es gibt einen Schneesturm. Rachel hustet stark. Am einen Fuß trägt sie einen aufgerissenen Lederschuh, am anderen einen holländischen Holzschuh. Im Schneesturm und mit den ungleichen Schuhen kann sie sich kaum vorwärts schleppen. Uns vieren fehlt ein Schuh, und die, die versucht, Rachel zu helfen, indem sie einen Schuh abgibt, wird die sein, die sterben muß. Früher haben wir immer eine Lösung gefunden – eine abnormale Lösung in einer abnormalen Situation zwar, aber doch eine Art

Lösung. Diesmal schaffen wir es nicht: Auf eine von uns lauert der Tod. Was tun? Ist unser Überlebenswille diesmal stark genug, daß wir handeln, auch wenn es eine andere Lösung geben könnte? Wird uns der eigene Instinkt in Richtung Überleben führen? Wir wissen es nicht.

Wir marschieren in *Fünferreihen* durch den Schneesturm. Immer fünf in einer Reihe. Für uns vier war das ein besonderes Problem, weil es in der Verantwortung der Gefangenen lag, daß man zu fünft in der Reihe war. Also mußten wir immer ein Mädchen für unsere Reihe finden, das nirgendwo anders dazugehörte. Und wenn wir eine fanden, war es nie auf Dauer, denn früher oder später starb sie, wurde abtransportiert oder ins Krematorium geschickt, oder sie schloß sich jemand anderem an. Es war ein ständiger Kampf.

Aber jetzt laufen wir im Schneesturm eine stille, verlassene Straße entlang. Es gibt SS-Leute vorn, die führen die Kolonne an, auf beiden Seiten und ganz am Schluß. Wir sind gerade in dem kleinen Dorf Jagadschutz angekommen. Plötzlich bemerkt Chicha ein kleines Haus zu ihrer Rechten. Es ist schneebedeckt, und kein Rauch kommt aus dem Schornstein. Chicha läuft am Außenrand der Kolonne. Rachel geht neben ihr, ich neben Rachel und Cipi neben mir. Die seitlichen Aufseher sind nach hinten gegangen, weil einige Gefangene geflohen sind. Bleiben nur die Aufseher an der Spitze, und die können uns von dort nicht sehen.

Wie ein Blitz rast Chicha auf das Haus zu. Dann Rachel. Dann ich. Keiner überlegt. Es fällt kein Wort zwischen uns. Eine Schwester folgt der anderen.

Rachel und ich rennen zu einer kleinen Hundehütte hinter dem Haus und kriechen hinein. Alles ist still und verlassen. Tiefer Schnee bedeckt das Land. Die Szene weckt Erinnerungen an Weihnachten: »Friede auf Erden und den Menschen ein Wohlgefallen.«

Ohne zu atmen kauern wir zusammen in der Hundehütte. Um uns herum nur Stille und Angst. Wann werden sie uns töten? Wo sind sie?

Langsam und vorsichtig schieben wir uns hinaus. Wir kriechen hinter die Hundehütte. Wieder Stille. Wo ist Chicha? Wo ist Cipi? Stille. Nur Stille.

Plötzlich das Geräusch knisternden Schnees auf der Straße. Der *Oberscharführer* samt seinem Hund kommt vom Gemetzel zurück – wir haben die Schüsse gehört.

Er verflucht die dreckigen Juden, weil sie durch ihren Fluchtversuch das Kolonnentempo verlangsamt haben. Er ist ausgesprochen wütend, brabbelt vor sich hin und eilt vorwärts, die Gruppe einzuholen. Wir können ihn aus unserer kauernden Lage sehen. Er kann uns nicht sehen.

Aber der Hund wird uns riechen. Rachel und ich fassen uns automatisch an die Brust. Was ist das für ein Gefühl, wenn man die Kugel kriegt? O nein, bitte, bitte, schieß nicht. Wird es in der Brust oder im Kopf sein? Wird es entsetzlich schmerzen? Werden wir sofort sterben? Wenn nicht, wird er noch einmal schießen?

Bis jetzt haben wir nur andere Leute sterben sehen, und es war schrecklich. Aber diesmal werden es wir sein. Ich werde es sein. Jetzt wissen wir, daß wir nur wenige Sekunden vom Tod entfernt sind, und es ist entsetzlich. Es wäre besser gewesen, wenn wir ihn nicht noch gesehen, wenn wir mit dem Rücken zu ihm gestanden hätten. Dann hätten wir nicht im voraus gewußt, daß wir gleich umgebracht werden. Grausames, häßliches Schicksal. Wenigstens nicht wissen, nicht sehen, wie er das Gewehr auf uns richtet.

Gott! Gott, hilf uns! Dies eine Mal. All diese Monate hast du uns kein Erbarmen gegönnt. Hab Mitleid. In meiner Brust ist mir elend. Etwas wird sie jeden Augenblick zerfetzen. Kannst du nicht etwas tun, Gott? Laß uns nicht sterben. Nicht so. Nicht hier. Nicht jetzt. Überhaupt nicht. Tod, verschwinde – geh! Bitte!

Ich habe kaum zwanzig Jahre gelebt. Rachel ist erst sechzehn. Hilft uns denn niemand? Werden uns dieser Hund und diese bewaffnete Bestie von einem Mann in weniger als einer Sekunde einfach zerfetzen? Irgendwer, bitte, hilf uns! Gibt es niemand auf dieser Welt, dem es etwas ausmacht? Wir haben nichts getan. Wir haben kaum gelebt. Wir haben fast nichts anderes als Krieg gekannt.

Wo ist meine Mutter? Sie wird uns schützen. Mama! Wo bist du? Jemand versucht, deine Kinder umzubringen. Der Oberscharführer kommt, um uns zu töten. Er kommt näher ... näher. Er ist gleich da.

Er ist fort.

Was ist geschehen? Hat der Wind dem Hund unsere Witterung nicht zugetragen? Wir sind nicht tot. Es steckt keine Kugel in unserer Brust ... Wir leben ...

Er ist fort.

DAS HAUS

»Isabella, Rachel, Cipi – seid ihr da? Wo steckt ihr? Ich bin auf dem Dachboden. Ich habe einen gefrorenen Weißkohl gefunden, er schmeckt köstlich. Schnell, kommt rauf; das Haus steht leer; hier ist niemand. Seid ihr da?«

»Nein, Chicha, nur wir zwei – Rachel und Isabella. Cipi ist wahrscheinlich ins nächste Haus gelaufen oder ins übernächste. Sie ist irgendwo hier. Wenn draußen alles sicher ist, werden wir sie finden.«

»Dann kommt hoch und laßt uns essen, ehe die Deutschen zurückkommen und uns töten. Laßt uns essen!«

Wir rannten auf den Dachboden. Zu Chicha. Zum Weißkohl. Zum Glück.

Jetzt hörten wir ein Geräusch. Es war nur ganz leise.

Wir starrten durch ein Loch. Die Tür ·unten wurde mit größter Vorsicht geöffnet. Wir sahen, wie sich ein verschreckter Kopf umsah. Dann erschien ein zweiter, dann ein dritter.

Mit der Stimme von Todeskandidaten, deren

78

Urteil gerade aufgehoben worden ist, riefen wir:
»Wir sind es! Wir sind es!«

In der Gewißheit, daß das Haus leer stand, rannten wir die Treppe hinunter und umarmten die drei Neuankömmlinge, die drei tapferen Insassinnen, die ebenfalls entkommen waren. Cipi war nicht bei ihnen, aber wir machten uns keine Sorgen. Wir waren ganz sicher, daß sie irgendwo in der Nähe war.

Die Leute, die in dem Haus gelebt hatten, mußten in schrecklicher Hast aufgebrochen sein; sogar die Milch hatten sie ungekühlt und unberührt zurückgelassen. Sie waren eilig mit ihren geliebten Nazis gen deutscher Westen gerannt. Das kleine Haus gehörte nun uns, wir konnten damit machen, wozu wir Lust hatten.

Und wozu hatten wir Lust?

Zu essen. Und wir fanden zu essen. Im Überfluß. Eine Vorratskammer gefüllt mit geräuchertem Fleisch. Ein ganzes Schwein. Fett, geräuchert, schrecklich, herrlich, phantastisch, wunderbar. Alles für uns, um es augenblicklich aufzuessen, alles, sofort. Und das taten wir.

Wir aßen und aßen – wir aßen nicht, wir schlangen. Ohne Unterbrechung. Jetzt können die Nazis tun, was sie wollen. Wir haben gegessen. Wir essen. Und werden essen, bis zu der Sekunde, wenn unsere Leben ausgehaucht werden. Der einzige Grund zu leben ist zu essen.

Oh, mein Bauch. Er schmerzt. Er schmerzt köstlich. Er ist voll. Er kann keinen Bissen mehr aufnehmen. Aber das wird niemanden von uns abhalten. Essen. Essen.

Es gibt drinnen keine Toilette. Wir werden den riesigen Abfalleimer benutzen. Wir wechseln hin und her – essen und Eimer benutzen. Wir essen, während wir den Eimer benutzen. Das Leben ist prächtig. Wir wollen ewig leben. Wir wollen ewig essen.

24. Januar 1945

Cipi, Cipi, wo bist du? Du bist neben mir gegangen.
Du hast mich rennen sehen, als ich Rachel rennen
sah. Rachel ist nur gerannt, weil sie Chicha rennen
sah. Ich bin nur gerannt, weil ich Rachel rennen sah.
Rachel und ich haben ganz bestimmt nicht überlegt.
Chicha muß überlegt haben. Sie hatte die SS-Män-
ner nach hinten gehen sehen. Sie ging an der
Außenseite der Kolonne. Ihr Handeln, das spüre
ich, war mehr als bloßer Instinkt. Plötzlich ein blitz-
artiges Einschätzen und Abwägen der Lage. Ein
Moment, der glasklares Denken verlangte. Sie
schaffte es. Wir folgten ihr nur.

Cipi, wieso bist du uns nicht gefolgt? Wieso
nicht? Warst du es nicht, die immer wieder sagte:
Egal in welcher Gestalt – ob ohne Beine, ohne Arme
– du willst überleben, dann müssen wir alle überleben! Du hast es immer wieder gesagt. Was geschah
mit deinem Lebenswillen? Hattest du Angst, daß
sie uns kriegen würden? Hat dich die Angst so sehr
gelähmt, daß du nur noch mit dem Teufel vorwärts
gehen konntest? Hat ihre Einschüchterung so tief in
dich hineingefressen? Ich verstehe es nicht!

Während all dieser vielen Jahre habe ich versucht, mich mit dem schrecklichen Rätsel herumzuschlagen, aber ich kann zu keinem Ende kommen. Wir nahmen an, du würdest uns blindlings folgen, weil unser Instinkt dem der Nazis direkt entgegenstand. Deshalb mußte, was wir taten, richtig sein. Sie fraßen deine Seele auf. Sie verschlangen sie, und ich blieb weinend zurück. Hätte ich es vorausgesehen, ich hätte dich mit mir fortgezogen. Hätte ich es tun sollen? Hätte ich dich fortreißen sollen an deinem zerlumpten Ärmel? Ja?

Erst viel später wiederholten andere, die dich gesehen und überlebt hatten, deine Worte: »Meine Schwestern sind entkommen. Sie werden leben. Mögen die Götter mit ihnen sein und sie auf jedem Schritt ihres Weges begleiten!«

Sie erzählten uns, wie du auf deinem Weg nach Bergen-Belsen mehrere Versuche unternahmst, zu fliehen, wie dein ungebrochener Wille immer wieder zum Vorschein kam. Aber es war zu spät, du saßest in der Falle.

Sie erzählten uns, wie du die Mörder batest, dich zu töten, und sie es nicht taten, weil sie wußten, daß du deine Schwestern an die Freiheit verloren hattest und daß das Alleinsein qualvoller ist, als erschossen zu werden.

Sie erzählten uns, wie deine Qual ihre fauligen Lippen lächeln ließ und wie sie dich drei lange Wochen auf dem Todesmarsch nach Bergen-Belsen weiterzerrten.

Und sie erzählten uns, daß du noch am Leben warst, als die Engländer Bergen-Belsen befreiten. Aber dann lebtest du nicht mehr.

Cipi!

24. JANUAR 1945, ABENDS

Wir wagen nicht, tagsüber hinauszugehen. Jetzt ist
Abend. Im Hof ist ein Huhn eingesperrt. Wir müssen auch das Huhn essen. Rachel geht nach draußen, um das Huhn zu holen. Sie weiß nicht, wie
man es tötet. Sie schleudert es einfach gegen die
Wand und taucht mit der Beute wieder auf.

Hühnersuppe – egal wo und wie – ist die beste
Medizin gegen alles. So heißt ein altes Sprichwort,
und es stimmt. Unsere Lebensgeister erwachen bei
dem Geruch. Meine Mutter wäre glücklich.

Plötzlich gehen die Lichter aus. Chicha meint:
Die Deutschen haben die Stadt verlassen. Sie haben
ihre Macht verloren.

Die Träumerin träumt. Wir übrigen sind skep-
tisch, lachen über ihre Träume. Wir ergötzen uns
am Abendmahl.

RACHEL, ICH GRÜSSE DICH

Du warst so verletzlich, du hattest solche Angst, von uns getrennt zu werden. Das Entsetzen hielt dich in Auschwitz mehr als uns andere Schwestern wach. Du schliefst fast nie. Wir litten mit dir mehr als mit jeder anderen von uns.

Aber Rachel, du warst es auch, die für uns das Huhn tötete, das wir essen wollten und nicht töten konnten. Und obwohl du deine Erinnerung an den Wahnsinnigen nicht abtöten konntest, lebtest du und warst wohlauf, als er sich selber tötete. Wenn man von Loyalität besessen sein kann, dann warst du besessen. Du hast das Huhn getötet, und du hättest auch alles andere Sichtbare für deine Schwestern getötet. Nach der Befreiung warst du unsere kleine Mutter, die ständig zum »Organisieren« nach Prausnitz lief, um Essen und Kleidung für uns zu beschaffen.

Und später, als wir auf dem Weg nach Amerika waren, auch da warst du für uns unsere Glucke. Du saßest auf dem Schiffsdeck und zerschnittst eine Decke, um einen Mantel für mich daraus zu nähen, weil ich fror. Diese grenzenlose Fürsorge. Dieses grenzenlose Mitgefühl. Wir wußten, daß wir uns stets auf dich verlassen konnten. Wußtest du, daß dich all unser Segen immer begleitete?

Aber vor allem war trotz deiner Warnungen, trotz deiner Angst, von uns getrennt zu werden, trotz deines Ausspruchs: »Rechnet nicht damit, daß ich am Leben bleibe!« deine Lebenskraft, dieser Nährboden deiner geistigen Stärke, größer als all deine Worte, und du bliebst am Leben.

Deshalb, Rachel, grüße ich dich jetzt.

25. Januar 1945

Und wir essen und essen und essen. Dies ist eine
Orgie geräucherten Schweinefleischs, aber ohne
das kleinste Stück Brot dazu. All dieses Schmalz
und Fett ohne Brot ist Gift für unsere Mägen, aber
der Wechsel zwischen Essen und Scheißen nimmt
kein Ende. Gibt es genug zu essen auf diesem Planeten, um die Überlebenden von Auschwitz satt zu
bekommen? Es sieht nicht so aus. Essen, scheißen
und zurück ins Bett unter die Daunendecken.

Wir liegen alle im Bett, ruhen uns aus zwischen
der schweren Arbeit des Essens, leeren unsere kranken Mägen und warten auf Befreiung oder Tod.
Plötzlich öffnet sich die Tür, und ein kleiner Mann
mit einem riesigen Schnurrbart steht da. Er trägt
Zivilkleidung und ist unbewaffnet.

Ist er der letzte Mensch, den wir je sehen werden? Wer ist er?

»Ich gebe euch den Rat zu verschwinden«, sagt
der Mann. Die Deutschen sind überall. Sie werden
euch bald entdecken und töten. Verschwindet.»

»Es gibt keinen Ort, wohin wir gehen können«,
antworten wir. »Wohin sollten wir gehen?... Gibt

es keine Hoffnung auf Befreiung? ... Wollen Sie das Haus? ... Oder das, was sich hier drin befindet? ... Wir wollen das Haus nicht. Wir wollen nur essen und uns ausruhen ... Lassen Sie uns hierbleiben. Machen Sie uns keine Angst mehr ... Lassen Sie uns in Frieden, auf daß wir leben oder sterben.«

Der Mann, ein Pole, der nach dem *Blitzkrieg* mit so vielen anderen nach Deutschland gebracht worden war, verschwindet und läßt ein neues Gefühl des Entsetzens zurück. Es ist etwa elf Uhr vormittags, ein Donnerstag. Wieder zurück ans Essen. Wieder zurück ins Bett. Ich trage ein kleines, blaues Baumwollkleid als Nachthemd. Ich fand es in einem der Schränke. Ein paar von den Nachthemden, die die anderen tragen, sind sehr edel. Sie stammen aus der sorgfältig zusammengetragenen Aussteuertruhe, die zurückgelassen wurde. Eigentlich haben die Leute alles zurückgelassen. Wären wir nicht so mit Essen beschäftigt gewesen, hätten wir eine ziemlich verrückte Modenschau, zum Beispiel mit bestickten Unterhosen, veranstalten können. Aber wir hatten Besseres zu tun. Wir mußten die Stunden zählen, die uns blieben.

Wird der kleine Mann mit dem großen Schnurrbart etwas über uns weitergeben? Wird er unser Dasein geheimhalten? Was wird er tun? Wenn wir auf die Straße zurückgehen, werden wir unter Garantie entdeckt. Wir müssen bleiben. Wir haben gar keine andere Wahl. Draußen lauert der sichere Tod. Hier drinnen gibt es wenigstens etwas zu essen. Hält uns hier etwas fest? Aber ja doch, die Möglichkeit, zu essen und zurück ins Bett zu gehen. Unsere Verzweiflung ist vollkommen. Unser Haus steht am Ende der Straße. Und dies hier ist auch unser Ende der Straße.

Es ist jetzt ein Uhr mittags. Plötzlich wird die tödliche Stille scharf unterbrochen. Da sind Geräusche, rauhe Töne – von Lastwagen, Pferden, Panzern, Kriegsgerät aller Art. War die gesamte deutsche Armee auf dem Weg, uns zu holen? Der ganze Aufwand für sechs Skelette? Eine riesige Orgie von Tötungsmaschinen für ein Häufchen Knochen?

Du dummer Hitler. Wir haben keine Gewehre. Wir könnten dir gar nichts tun. Wir verstehen nichts vom Geschäft des Tötens. Du bist das Genie im Töten. Wir sind dazu da, Leben zu geben, es zu umsorgen und großzuziehen. Du ganze Armee, kehr um! Dein Gegner weiß nicht, wie man tötet.

Vorsichtig, verängstigt gehen wir sechs auf Zehenspitzen zum Fenster. Wir bewegen den Vorhang nur ganz leicht, bloß so, daß wir die Lebenszerstörer bei ihrem tödlichen Marsch auf uns zu sehen können. Und es gibt so viel zu sehen: Panzer, LKWs, Munitionswagen, blutbespritzte Soldaten, verdreckte Soldaten – müde, sterbend, auf Pferden, zu Fuß, mitleiderregend, gar nicht tapfer, bloß erschöpft und erbärmlich. Sie haben keine Nationalität, keine politische, ideologische Überzeugung. Sie sind nur kampfesmüde und am Ende ihrer Kraft. Wer sind sie? Was wollen sie von uns?

Warum gehen sie nicht nach Hause und lassen sich mit Gaze und Liebe verbinden? Männer, ihr braucht Fürsorge. Verbraucht nicht das letzte bißchen Kraft, das ihr habt, um uns zu töten. Sucht Trost, nicht Haß. Sucht eure Kinder. Sie brauchen eure Liebe. Und sie brauchen euch, um ihre Liebe zu geben. Hört auf zu töten. Hört auf.

Aber halt. Halt. Diese Männer tragen seltsame Uniformen. Es sind keine Deutschen oder Ungarn. Sie sehen ganz ungewohnt aus. Und da ist eine rote Fahne – rot, rot. Was bedeutet rot?

Rot ist nicht deutsch, rot ist russisch.

Wir sind ... wir sind ... was? Was sind wir? Wir sind ... wir sind ... wir sind befreit!

Barfuß, jede nur mit einem einzigen Kleidungsstück bekleidet, drängen wir alle hinaus in den brutalen Januarfrost und Schnee des deutschen Ostens und rennen den Truppen entgegen. Freudenschreie. Schmerzensschreie. Befreiungsschreie. Die ganze eingepferchte Hysterie, aufgestaut in den Jahren des Schmerzes und des Terrors, mit einem Schlag befreit.

Nie habe ich seither diese Laute gehört, die wir damals von uns gaben – Laute, die aus den tiefsten Tiefen unseres Daseins kamen. Ihre bloße Kraft muß die Asche von Auschwitz bis in jeden Winkel des Universums verstreut haben, denn unsere Freudenschreie verwandelten sich plötzlich in ein bitteres Wehklagen: »Wir sind befreit! Wir sind befreit! Aber wo sind die anderen alle? Sie sind alle tot!«

Das Schiff
der U.S.-Handelsmarine

Warum kann ich mich nicht an den Namen des amerikanischen Attachés in Odessa erinnern? Er war ein Mann mit großem Herzen. Ein Mann, der wenig Worte machte. Für ihn gab es nur eins: handeln!

Wir sind in Odessa. Es ist spät am Nachmittag. Wir sind vier Wochen am Stück gereist. Wir sind zu Fuß in Jagadschutz losgegangen. Wir waren zwei Wochen unterwegs. Dann stießen wir auf einen Zug, der nur sehr langsam vorwärts kam. Aber er kam in Odessa an.

Alle möglichen Überlebenden sind hier versammelt, um nach Hause geschickt zu werden. Auch wir wollen nach Hause. Aber nicht in das Land des Hasses, in dem wir geboren wurden. Dort erwartet uns nichts. Niemand.

Wir müssen über den Ozean. Wir müssen das einzige überlebende Mitglied unserer Familie erreichen – unseren Vater, den geschlagenen Mann, dem es nicht gelang, seine Familie zu retten.

Am Morgen des 5. April 1945 suchen wir den amerikanischen Attaché auf. Wir sprechen kein

Englisch. Unser Übersetzer ist ein britischer Offizier, der mit uns Jiddisch redet. Der Attaché verspricht, uns auf das nächste Schiff nach Amerika zu bringen – innerhalb von sechzehn oder siebzehn Tagen. »Lassen sie es sich gutgehen. Entspannen Sie. Wir werden auf Sie aufpassen.«

Doch der Mann ist zu bewegt von unserem Erscheinen, unserem Aussehen, unserer Geschichte. Er geht gleich zu den Docks, um sich nach einem Schiff zu erkundigen, das früher fährt.

Die *Brand Whitlock* läuft am nächsten Morgen aus.

»Kapitän«, sagt der Attaché, »hier sind ein paar amerikanische Soldaten, ehemalige Kriegsgefangene, die Sie nach Hause bringen sollen. Und vier Frauen, drei ungarische Mädchen, die Auschwitz überlebt haben, sowie eine Deutsch-Amerikanerin, die in ihr Vaterland zurückgegangen ist, als Hitler auf dem hohen Roß saß. Jetzt, da sein Stern sinkt, kehrt sie natürlich als U.S.-Bürgerin in die Staaten zurück.«

Noch am selben Nachmittag kommt der Attaché an unsere Tür im Flüchtlingslager und teilt uns mit, daß wir schon am nächsten Tag nach Amerika aufbrechen werden. Da der Krieg noch nicht vorbei ist, werden wir mit einem Schiff der U.S.-Handelsmarine fahren, erklärt er uns. Das Schiff hat Panzer nach Rußland gebracht und wird auf der Rückfahrt eine Menschenladung Soldaten transportieren. Wir werden Militärsachen tragen – die kleinste Größe männlicher Uniformen. Leider hat er keine weiblichen Uniformen zur Hand.

Am Morgen des 6. April 1945 fährt uns der Attaché in seinem Jeep zur *Brand Whitlock*. Die gesamte Mannschaft ist an Deck, um drei junge weibliche Soldaten zu begrüßen. Der Attaché wünscht uns alles Gute. Wir sehen ihn nie wieder.

O mein Gott, wie hieß er bloß?

Fünf Wochen das unablässige Vorbeigleiten des Himmels. Es glättet die rauhen Kanten des zurückliegenden Alptraums ein wenig. Wir fahren um die halbe Welt, und alles ist in Ordnung, bis auf einen häßlichen nächtlichen Zwischenfall, als ich – unbemerkt von der deutsch-amerikanischen Mitreisenden – unsere gemeinsame Kabine betrete. Sie sitzt auf dem Bett, umgeben von all ihren kostbaren Andenken, und küßt die Briefmarken mit dem Porträt Hitlers.

Fahr zur Hölle, wo immer du auch bist. Amen.

MEIN KUMMER

Das Schiff überquerte den Ozean. Es war fünf Wochen unterwegs, dann kamen wir an. Sie und ich. Wie zwei gute Freunde. Nein! Überhaupt nicht. Ich mag sie nicht, aber sie mag mich. Sie folgt mir überallhin, will sich nicht von mir trennen, obwohl ich nie versprochen hatte, mich um sie zu kümmern. Im Gegenteil. Sie kam trotzdem immer wieder. Ich flehte sie an. »Schau«, sagte ich, »es reicht. Laß mich in Ruhe. Du bist mir die ganze Zeit nachgelaufen, aber irgendwo ist eine Grenze. Hier ist wenig Platz. Alles voll hier, und du bist so ein Koloß.« Als ob ich überhaupt nicht mit ihr gesprochen hätte, folgte sie mir in die Kabine. Sie war häßlich, eine unerträgliche Reisegefährtin. Die ganze Zeit versuchte ich sie loszuwerden.

Wenn sie an Bord bliebe, und ich käme allein an Land: Alles würde ganz anders sein – ich wäre ein neues menschliches Wesen in einer neuen Welt, am Beginn eines neuen Lebens. Ich muß an Deck und sie über Bord werfen, dachte ich. Soll sie dorthin schwimmen, wo sie herkommt, nach Europa. Spuck, spuck, würg dich zu Tode, ersauf. Was kümmert es mich. Mission erfüllt. Ich war auf dem Weg zurück zur Kabine. Plötzlich eine Stimme in mir: Das hast du dir so gedacht. Nein! Nein!

Ich erdulde sie von neuem, wie schon so oft. Es sind nur noch achtundvierzig Stunden. Nur noch vierundzwanzig. Ich kann schon Land sehen. Ich sehe der neuen Welt entgegen. Nur sie reißt mich noch immer zurück. Ich bitte sie: »Laß mich in Ruhe. Da draußen wartet eine neue Welt. Ich will sie sehen. Ich will leben. Mit dir ist es unmöglich. *Bitte!*«

Sie unterbricht mich. Sie ist kalt. Gnadenlos. Sie sagt mir, was ich befürchtet hab: *»Ich werde so lange leben wie du.«*

Als wir ankamen, bemerkten nicht einmal die Leute in meiner näheren Umgebung die häßliche, unförmige Riesin, die ihre Arme um mich legte.

Wie lang währt die normale Lebenszeit?

SPIEGEL

Sie marschieren zum Gestank des Todes. Ihre Stiefel glänzen wie Spiegel und reflektieren den Rauch, der Erde und Himmel erfüllt.

Und ein Jahr später, als ich in Amerika bin und meine Tante mich anfleht, etwas Lippenstift aufzulegen, damit ich wie eine Amerikanerin aussehe, weigere ich mich, weil ich noch nicht weiß, wie Menschen leben; ich weiß nur, wie sie sterben – nicht wie sie im täglichen Leben sterben, im normalen Leben, nur wie sie millionenfach hingemordet werden –, ich bin völlig durcheinander. Ich komme von einem anderen Planeten, oder meine Tante vielleicht.

Dann nehme ich doch den kleinen Spiegel, den man mir reicht, und den Lippenstift. Und ich tue so, als ob ich hier wäre, mitten im Leben, wie andere Leute auch. Ja, ich werde mich schön anmalen, rot, verführerisch. Ich werde wie alle anderen Frauen aussehen, und niemand wird wissen, woher ich komme. Wenn ich wie alle anderen aussehe, werde ich mich ziemlich sicher auch wie alle anderen fühlen. Dann habe ich es geschafft.

Meine Hände sind nicht ruhig, aber ich bin jetzt fest entschlossen. Ich fange an den Lippenstift auf meiner Oberlippe zu bewegen und schaue in den Spiegel. Aber alles, was ich sehen kann, ist Rauch – Rauch, der wie wild im Spiegel kreist. Ich kann nicht sehen, was ich tue. Meine Lippen sind rot, rissig, verschmiert. Ich trage die Maske eines Clowns.

Und leise weint meine Tante.

MAI

Der Mai ist so ein »starker« Monat. Der 1. Mai hat Anklänge eines politischen Feiertags. Das bedeutet mir etwas. Als ich ein junges Mädchen war, bedeutete der 1. Mai ein Ständchen unter deinem Fenster, er bedeutete den Ausbruch des Frühlings, der Liebe, der Musik – all der sentimentalen Jubelschreie in deinem Körper, die das Grauen der Wirklichkeit verschleiern.

Der 1. Mai ist der Geburtstag meiner Schwester. Es ist irgendwie etwas Besonderes, am 1. Mai geboren zu sein, und die liebe kleine Rachel ist etwas Besonderes. Es ist überhaupt etwas Besonderes, im Mai geboren zu sein – am 1. Mai, am 28. Mai. Der Duft des Frühlings ist wunderbar: Er durchdringt die Luft. In ihm erklingt der Gesang des Geborenwerdens, des Lebens. Alles ist in Sonnenlicht getaucht. Die Erde lächelt – sie ist glücklich, daß es dich gibt.

Die Welt endete im Mai. Im Mai wurde ich geboren. Im Mai starb ich. Wir begannen die scheußliche Reise am 29. Mai. Wir näherten uns Auschwitz. Am 31. Mai kamen wir an.

98

Der Duft des Frühlings war nicht wunderbar. Die Erde lächelte nicht. Sie kreischte vor Schmerz. Die Luft war erfüllt vom Gestank des Todes. Eines unnatürlichen Todes. Der Rauch war dicht. Die Sonne konnte nicht durchbrechen. Es roch nach brennendem Fleisch. Das brennende Fleisch war deine Mutter.

Ich bin verdammt, mein ganzes Leben mit dem Geruch brennenden Fleisches in der Nase herumzulaufen. Meine Nase ist verdammt. Der Mai ist verdammt. Der Mai sollte abgeschafft werden. Der Mai tut weh. Es sollte nur noch elf Monate im Jahr geben. Der Mai sollte den Tränen vorbehalten sein. Sechs Millionen Jahre lang, um die Erde reinzuwaschen.

Mehr als zwanzig Jahre habe ich mich wie ein Zombie durch den Mai bewegt, unter schweren Depressionen verlor ich Jobs und Freunde und verstand nichts. Und dann war doch immer wieder der Juni da mit neuer Hoffnung, neuem Leben.

Jetzt bin ich älter und erinnere mich nicht mehr an all den Schmerz, und der Juni tut so weh wie der Mai. Manchmal lacht der Mai, so wie der Juni auch, und jetzt, im Mai, beuge ich mich hinab, um an den Blumen zu riechen, und sekundenlang erinnere ich nicht gleich den Geruch brennenden Fleisches. Das ist kein Glück, aber es erleichtert, und Erleichterung ist ein Segen. Jetzt möchte ich den Monat Mai wieder einsetzen. Ich möchte den Monat wieder zurückholen, die Toten wieder zurückholen. Ich

99

möchte meiner Mutter sagen, daß ich ihrer Überzeugung gefolgt bin, daß ich gelebt habe, weil sie es wollte, daß die Kraft, mit der sie mich durchdrang, nicht käuflich ist, daß es sich lohnt, für das Gute im Menschen zu leben. Und ich will alles tun, daß ich diese Überzeugung auch weitergebe an die, die nach mir kommen.

Ich werde sie lehren, das, was Gutes in uns Menschen ist, zu ihrer Religion zu machen, wie es dein Glaubensbekenntnis war, Mutter. Dann wirst du ewig leben, und der Anstreicher wird für immer tot sein. Und Kinder werden eines Tages Blumen in Auschwitz pflanzen, dort, wo die Sonne nicht durch den Rauch brennenden Fleisches brechen konnte. Mutter, ich werde dich lebendig halten.

PETER

Mama, Mama, ich bin schwanger!

Ist das nicht ein Wunder, Mama? Ist das nicht unglaublich, Mama? Ich stand vor dem Krematorium, und jetzt schlägt noch ein Herz in demselben Körper, der verurteilt war, zu Asche zu werden. Zwei Leben in einem, Mutter – ich bin schwanger!

Mama, wir haben ihn Peter genannt Du weißt, wie sehr ich diesen Namen mag. Er bedeutet Stein, Fels. Du warst der Fels, Mama. Du legtest den Grundstein. Mit Peter hat die Geburt der neuen sechs Millionen begonnen.

Mama, du bist nicht gestorben!

Mama, er wog sieben Pfund und einhundertachtundzwanzig Gramm. Ich wog nur siebenmal soviel, als der Anstreicher dicke graue Streifen in den Himmel malte.

Und wenn ich ihm liebevoll die Flasche zwischen seine zarten Lippen stecke und er zufrieden ist und das Leben trinkt, bin ich selbst betrunken vom Leben. Aber ich kann es nicht ändern, Mama: Ich erinnere mich.

Ich erinnere mich an die zwei längsten neun Monate meines Lebens – die neun Monate, in denen ich die Sekunden zählte, bis ich das neue Leben in mir zu sehen bekäme, und die neun Monate, in denen ich verstört war, halb wahnsinnig, und mich fragte, ob die Befreier rechtzeitig kommen würden, um einen einzigen Herzschlag zu retten.

Es ist alles verrückt, Mama. Das Leben ebbt ab in den perversen Bildern meiner Erinnerung. Das Leben in meinen Armen wird genährt. Hilf mir, Mama. Hilf mir, daß ich nur das Leben sehe. Mach, daß ich den Wahnsinnigen nicht mehr sehe.

RICHARD

Mama, Mama, der Schatten des Wahnsinnigen verblaßt langsam!

Wir haben einen zweiten Sohn, Mama. Wir haben ihn Richard genannt. Er ist mit nichts vergleichbar auf dieser Erde. Er sieht aus wie Onkel Joe und Tante Sara, wie alle unsere Cousins, wie unsere gesamte Familie.

Er sieht aus wie niemand sonst.

Er ist der Laut deiner Seele. Er ist die Stimme der sechs Millionen. Er ist Richard.

Mama, ich verspreche dir: Ich werde meine Söhne lehren, das Leben zu lieben, die Menschen zu achten und nur eine Sache zu hassen – den Krieg.

Epilog

Diesmal in Paris
von Irving A. Leitner

Als Isabella und ich das erste Mal in Europa Urlaub machten, waren wir erst vier Jahre verheiratet. Das war 1960, und wir ließen Peter, unseren Einjährigen, bei Isabellas Schwester im Norden des Staates New York. Als wir nach fast einem Monat zurückkamen, um ihn abzuholen, zappelte er herum und schrie fast eine Stunde lang, ehe er uns wieder als seine rechtmäßigen Eltern akzeptierte. Instinktiv schaffte er es bereits mit einem Jahr, daß wir uns schuldig fühlten, ihn allein zurückgelassen zu haben, während wir durch Europa schlenderten. Diesmal, fünfzehn Jahre später, nahmen wir Peter mit und auch seinen dreizehnjährigen Bruder Richard.

Auf jener ersten Reise damals hatten wir eine Woche in Paris, eine Woche in Rom und zehn herrliche Tage vornehmlich mit Herumreisen verbracht: von Cannes an der Riviera nach Florenz, Venedig, Verona, Mailand, Zürich und London. Es war aufregend, amüsant und anstrengend gewesen, und wir zehrten während der nächsten anderthalb Jahrzehnte von den gesammelten Erinnerungen. Bewußt vermieden wir, eine deutsche Stadt zu betreten, und verzogen uns, wann immer irgendwo Deutsch gesprochen wurde, schnell außer Hörweite.

Unser 1960 gefaßter Entschluß, alles, was im entferntesten deutsch war, zu meiden, erhielt allerdings eine etwas ironische Färbung, denn wie sich herausstellte, war ausgerechnet die herzlichste Freundin, die wir auf dieser Reise fanden und die uns jeden Tag in Paris herumführte, eine Deutsche mittleren Alters. Wir hatten ihr das Empfehlungsschreiben eines gemeinsamen Freundes in den Staaten überbracht. Aber dann stellte sich heraus, daß Madame D. eine Ausgebürgerte war, die ihr Heimatland während Hitlers Herrschaft aus Protest verlassen hatte. Während des Zweiten Weltkriegs war sie für die französische Résistance tätig gewesen.

Madame D. lief mit uns endlos und unermüdlich durch die Stadt und unterhielt sich in fließendem Englisch, während wir gierig die Ansichten, Geräusche und Gerüche der herrlichen Straßen und Boulevards aufsogen. An unserem letzten Tag in der Stadt nahm sie uns mit in das alte, heruntergekommene jüdische Viertel, wo ein Mahnmal errichtet worden war zum Gedenken an alle, die systematisch in nationalsozialistischen Konzentrationslagern umgebracht worden waren. Es war spät am Tag, und lange Schatten fielen, als wir uns der Gedenkstätte näherten.

Madame D. und ich verlangsamten unseren Schritt, aber Isabella legte noch einen Schritt zu. Plötzlich brach sie zusammen und weinte hemmungslos. Madame D. flüsterte: »Gehen Sie zu ihr. Beruhigen Sie sie.« Ich trat schnell an Isabellas Seite. Da standen wir drei gedankenverloren in der zunehmenden Dunkelheit – ich mit dem Arm um Isabella, Madame D. in respektvollem Abstand dahinter. Nach einer Weile drehten wir einfach um und verließen den Ort.

In Venedig, ungefähr zehn Tage später, trieb uns ein mysteriöser Impuls von neuem dazu, eine Identifikation mit unseren Wurzeln zu suchen. Wir machten das alte Gettoviertel ausfindig, liefen durch die Straßen und gingen über die Rialtobrücke. Auf einmal war mir Shakespeares Shylock ganz gegenwärtig: »... *viel und öftermals, / habt ihr auf dem Rialto mich geschmäht / um meine Gelder und um meine Zinsen ... / Ihr scheltet mich abtrünnig, einen Bluthund, / und speit auf meinen jüdischen Rocklor ...*«

In Rom baten wir eines Freitagabends einen Priester, uns den Weg zu einer Synagoge zu zeigen. Er sah uns zunächst ungläubig an, dann führte er uns – beeindruckt von unserer Direktheit – selber hin. Er sei noch nie dagewesen, gab er in gebrochenem Englisch zu und ergriff die Gelegenheit beim

Schopf, sich anzusehen, wie eine Synagoge aussah in dieser Stadt der Kirchen.

Als wir ankamen, standen ein paar ältere Gläubige vor dem Gebäude herum. Der Gottesdienst hatte noch nicht begonnen, und man unterhielt sich. Als der Priester in seinem schwarzen Rock und das fremde junge Paar vor der Synagoge auftauchten, hörten die römischen Juden auf zu reden und starrten uns mißtrauisch an.

Da wir kein Italienisch sprachen, baten wir den Priester, ob er den Leuten erklären könne, daß wir keine böse Absichten hätten, sondern nur Besucher seien. Aber unsere Bitte bedeutete mehr, als der Priester für sich akzeptieren konnte. Er erhob Einwände, und wir verstanden. Er erklärte sich jedoch bereit, auf uns zu warten, während wir uns drinnen umschauten. Daraufhin bedeckte ich meinen Kopf mit einem Regenhut, und Isabella und ich betraten das Gotteshaus.

Gleich hinter der Außentür wies ein Aufseher Isabella auf italienisch zu einer Treppenflucht auf der linken Seite. Offensichtlich war dies eine orthodoxe Synagoge, wo es üblich ist, daß Männer und Frauen getrennt beten. Da wir nicht zum Beten gekommen waren, sondern nur, um zu »schauen«, zeigte Isabella auf ihre Armbanduhr und sagte auf Englisch: »Nur eine Minute.« Daraufhin raste sie die Treppe hinauf, während ich unten durch die Türen weiterging.

Ich weiß nicht, was wir erwarteten, aber irgendwie schien es richtig, hier zu sein, wenn auch nur für einen kurzen Augenblick. Als Isabella wenig später draußen zu mir stieß, schlossen wir uns wieder dem Priester an, der geduldig auf der gegenüberliegenden Straßenseite wartete.

»Warum sind Sie nicht zum Gebet geblieben?« fragte er.

»Wir sind nicht religiös«, sagte ich. »Wir waren nur neugierig.«

»Ich bin beeindruckt«, sagte der Priester. »Es gibt hier mehr Gläubige als in vielen römischen Kirchen. Viele Kirchen sind Sonntag für Sonntag leer.«

»Die meisten Gläubigen heute waren alt«, sagte ich, als ob meine Bemerkung irgendwie das Phänomen erklären könnte.

1975, in London und Paris, dachten wir nur sehr entfernt an ehemalige Gettos und Synagogen. Isabella und ich wollten unseren Söhnen jene Ansichten der beiden Städte zeigen, für die sie berühmt sind. Wir wollten nicht in Bildung schwelgen. Wir wollten nur staunend schauen und die Dinge vielleicht ein bißchen so sehen, wie wir sie in Erinnerung hatten. Das taten wir und genossen jede Minute.

Allerdings trafen wir diesmal in Paris nicht unsere alte Freundin Madame D., die die Stadt verlassen hatte, um selber Urlaub zu machen. Aber wir sahen unsere türkische Freundin Jessica und ihren amerikanischen Ehemann George, den wir vor einigen Jahren in den Staaten kennengelernt hatten. Den Tag vor unserer Rückreise nach New York planten wir so, daß wir nachmittags auf den alten Friedhof Père-Lachaise gehen konnten, wo so unterschiedliche Persönlichkeiten wie Honoré de Balzac, Sarah Bernhardt, Oscar Wilde und Frédéric Chopin zwischen den Gräbern und Gebeinen Tausender anderer Sterblicher und Unsterblicher begraben liegen.

Isabella und ich hatten nicht vergessen, was wir 1960 in Florenz beim Besuch eines Friedhofs erlebt hatten. Es war ein Kirchenfeiertag gewesen, und das Bild einer Prozession von Menschen, die brennende Kerzen und Blumen bei sich trugen und im weichen Abendlicht zwischen Steinbildern, Gruften und Gräbern ihren Weg nahmen, war tief in unserem Gedächtnis haften geblieben. Wir hofften, nun in Paris einige der damaligen Gefühle wieder in uns wachrufen zu können. Natürlich wurden wir enttäuscht, aber auch der Besuch des Père-Lachaise hatte seine besonderen Momente.

Als wir die schmalen Wege und Gassen entlanggingen, fanden wir uns plötzlich in einem verhältnismäßig neuen Teil des alten Friedhofs wieder – Jessica erklärte, daß dieser Teil des Friedhofs »Märtyrer-Ecke« genannt werde. Dort standen, eine neben der anderen beklemmend aus dem Boden ragend, eine Reihe von Skulpturen: Sie sollten an die Millionen Ermordeten in den nationalsozialistischen Konzentrationslagern erinnern.

Eine Skulptur, die den Opfern von Maidanek gewidmet war, stellte eine steile Treppenflucht dar, auf der sich ein Kind nach oben kämpfte. Eine andere, eine trostlose, gesichtslose Gestalt, rief die namenlosen Schrecken von Auschwitz ins Gedächtnis zurück. Eine dritte, auf deren Sockel die Namen mehrerer *Vernichtungslager* eingemeißelt waren, zeigte drei skeletthafte Figuren, die sich in den Himmel krallten.

Bis zu diesem Augenblick war es Isabella und mir gelungen, nur in der Freude über unsere Reise zu leben – später würde immer noch Zeit genug sein, um sich mit den laufenden Neuigkeiten, den laufenden Kriegen, den laufenden Krisen auseinanderzusetzen. Dieser Aufenthalt im Juli 1975 sollte frei bleiben von häßlicher Vergangenheit und bitteren Erinnerungen – nichts sein als Freude und Bereicherung.

Trotzdem hatte es kleine, störende Zwischenfälle gegeben, Mahnungen an eine andere Zeit, eine andere Welt. Fünfzehn Jahre zuvor hatten wir, wo immer wir hingekommen waren, das Glück gehabt, nur amerikanische Touristen zu treffen; diesmal schienen die Touristen hauptsächlich Deutsche oder Japaner zu sein. Es war fast unmöglich, den Deutschen aus dem Weg zu gehen. Isabella versuchte meistens, sie zu ignorieren. »Die jungen machen mir nicht soviel aus«, sagte sie, »ihre Generation trägt keine Schuld. Es sind die älteren ...«

Aber hier, in dieser traurigen Ecke des Père-

Lachaise, wurde unser zerbrechlicher Traum, den wir lange genährt hatten, plötzlich zerstört. Doch diesmal gab es, anders als 1960, keine Tränen, keine herzzerreißenden Umarmungen, keinen Grund, Trost zu spenden. Diesmal wollte Isabella nur ein Foto zur Erinnerung. Sie baute sich kurz auf, und Peter fotografierte, dann verließen wir den Friedhof. Jessica und ihr Mann gingen ihrer Wege, und wir kehrten in unser Hotel zurück.

Seit unserem zweiten Tag in Paris hatten wir es uns zur nächtlichen Gewohnheit gemacht, vor dem Schlafengehen in einem nahe dem Hotel gelegenen kleinen Café zu entspannen, zu plaudern und noch einmal die Ereignisse des Tages Revue passieren zu lassen. Da wir am nächsten Tag mittags abreisen wollten, war dies unser letzter Abend im »Café Cristal«. Das Wetter, das die meiste Zeit während unserer Reise herrlich gewesen war, war plötzlich umgeschlagen. Leichter Regen fiel und breitete sich als mißmutige Stimmung aus, als wir die glasgeschützte Terrasse betraten.

Der unerwartete Schock auf dem Père-Lachaise, verbunden mit der Gewißheit, daß unsere Ferien zu Ende gingen, hatte auf uns alle ernüchternd gewirkt. Dennoch waren wir entschlossen, jedes noch so kleine Erlebnis, das sich vielleicht ergab, festzuhalten und als schöne Erinnerung aus Paris mitzunehmen. Und so nahmen wir Platz und gaben dem Kellner unsere Bestellung auf.

Isabella hatte sich gerade eine ihrer kurzen französischen Zigaretten angezündet, und vier schäumende Tassen *Café au lait* standen auf unserem Tisch, als plötzlich eine Gruppe von zehn oder zwölf Touristen, Frauen und Männer, aus dem Regen durch die beiden Terrassentüren hereinströmte. Nach heftigem Fußstampfen und Ausschlagen von Hüten und Mänteln, das Ganze verbunden mit markigen Bemerkungen, begannen die Neuankömmlinge, Tische und Stühle zusammenzustellen, so daß sie alle beisammen sitzen konnten.

Nur unser kleiner Tisch, der mitten vor der Terrassenwand stand, schien für sie ein Problem zu sein, weil sie so weder die Tische auf der einen noch auf der anderen Seite komplett zusammenschieben konnten.

Plötzlich traf mich ein Gefühl des Entsetzens, weil ich schlagartig erkannte, daß all diese Männer und Frauen Deutsche waren.

»Was meinst du, was sie sind?« flüsterte Isabella.

»Dänen«, antwortete ich im Bemühen, ihr die Wahrheit zu ersparen. Die Ironie dieser Entwicklung, die so rasch auf das Erlebnis vom Père-Lachaise folgte, war kaum zu verkraften.

Die Deutschen, die sich durch unsere Anwesenheit gestört fühlten, kamen schließlich überein, in einem Halbkreis zu sitzen. Zwei Männer setzten sich zu unserer Linken an einen Tisch, zwei zu unserer Rechten, und die übrigen rückten ihre Tische auf dem freien Platz hinter uns zusammen. Isabella, die mit dem Rücken zur Terrassenwand saß wie auch die Jungen und ich, fühlte sich regelrecht umzingelt.

Mit wachsender Besorgnis beobachtete ich Isabellas Gesichtsausdruck auf erste Anzeichen eines »Wiedererkennens« hin. Der Wirbel um sie herum hatte sie offensichtlich neugierig gemacht. Als der Mann an ihrer Seite einen Blick zu uns herüberwarf und sich ein breites Grinsen auf seinem geröteten Gesicht ausbreitete – der offenkundige Versuch einer Freundlichkeit –, fragte Isabella plötzlich: »Dänisch?«

»Nein«, antwortete der Fremde, »*Deutsch. Aus München.*«

Isabella reagierte, als wäre ihr Säure ins Gesicht geschüttet worden. Sie schien plötzlich in ihrem Stuhl zusammenzuschrumpfen. Sie bedeckte ihre Augen, um den Mann aus ihrem Blick zu tilgen. Einen Augenblick später drückte sie mit gesenktem Kopf und zusammengepreßten Lidern ihre Hände auf die Ohren, um jeden Laut von sich fernzuhalten.

Das Grinsen des rotgesichtigen Deutschen verschwand. Mit einigen kehligen Lauten und einem Kratzen am Kopf setzte er sich wieder zurecht. Er flüsterte seinem Nachbarn etwas zu, und aus dem Augenwinkel konnte ich erkennen, daß sie ärgerlich waren.

Ich sah Peter und Richard an. Ihre Gesichter waren aschfahl. Ich streckte meine Hand nach Isabella aus und berührte sie. Sie öffnete langsam ihre Augen. »Das sind sie«, flüsterte sie, und die Tränen liefen ihr übers Gesicht »Das sind sie. Sie haben genau das Alter.«

»Laß uns hier weggehen«, sagte ich, »laß uns gehen.« Ich sah mich um. Jeder und jede dieser Deutschen schien um die sechzig zu sein. Isabella hatte recht. Sie hatten »genau das Alter«.

»Jeder von denen hätte mein Wärter sein können, besonders der da. Ich hatte einen rotgesichtigen Oberscharführer, der genauso grinste. Er verbrachte seine Zeit damit, Leute mit dem Gewehrkolben zu schlagen und auszupeitschen und mit seinen häßlichen kleinen Zähnen dazu zu grinsen wie eine Hyäne.«

»Laß uns gehen«, drängte ich leise. Ich gab dem Kellner ein Zeichen. Ich spürte genau, die Deutschen wußten, an unserem Tisch stimmte etwas nicht. Sie tauschten halblaut Bemerkungen aus und glotzten direkt in unsere Richtung. Ich hatte das bestimmte Gefühl, sie hielten Isabella für verrückt.

Endlich brachte der Kellner die Rechnung. Ich hielt schon das Geld bereit und stand sofort auf. Die Jungen folgten mir. Nur Isabella saß wie angewurzelt.

»Komm doch, Mutti«, sagte Peter.

Ich reichte ihr meinen Arm, um ihr aufzuhelfen. Sie nahm ihn und stand schwankend auf. »Sie sind es«, murmelte sie. »Sie sind es.«

Wir wußten nicht recht, wie wir an den Deutschen vorbeikommen sollten, weil sie ihre Stühle und Tische ganz dicht zusammengerückt hatten, aber schließlich schafften wir es doch, durch die Terrassentür hinaus in den Regen zu kommen. Wir spürten die ganze Zeit, wie die Blicke der Deutschen uns folgten.

Draußen ging Isabella ein paar Schritte, blieb dann stehen und rief in einem immer lauter werdenden Schmerzensschrei: »Mörder, Mörder, Mörder!« Peter, Richard und ich führten sie schnell weg.

Etwa zwanzig Meter von unserem Hotel entfernt blieb Isabella plötzlich stehen und faßte sich an den Rücken. »Helft mir, ich kann nicht mehr gehen«, sagte sie.

Die Jungen und ich sprangen ihr zu Hilfe, daß sie nicht zusammenbrach. Wir standen ganz eng zusammen, ohne uns zu bewegen. Kein Mensch war weit und breit zu sehen. Die Straße war verlassen. Es regnete jetzt heftig.

Nach einer halben Ewigkeit, wie mir schien, sagte Isabella: »Ich glaube, ich schaffe es jetzt.«

Wir gingen die restlichen paar Meter zu unserem Hotel und fielen jeder in einen Sessel des Foyers.

»Bist du in Ordnung, Mutti?« fragte Richard.

»Ich glaube, ja, mein Schatz«, antwortete Isabella. »Ich glaube, ja.« Dann wiederholte sie zu mir gewandt: »Sie sind es. Es gibt keinen Zweifel. Sie sind es.«

»Wieso bist du so sicher?« fragte ich sie.

»Hast du den Gesichtsausdruck des Mannes gesehen, als er sagte: »*Aus München*« – den Stolz, den Glanz in seinen Augen? Er war keine Frau D. Er hat

Deutschland nie verlassen. Er ist der typische *»Deutschland-über-alles«*-Deutsche, der Naziverbrecher. Vielleicht war er es, der meine Mutter umgebracht hat.«

»Das kannst du nicht beweisen«, sagte ich.

»Ich brauche keinen Beweis. Er gehört der Generation an – der Hitlergeneration. Hast du jemals einen Deutschen zugeben hören, er hätte von den KZs gewußt? Nein. Und doch hätten sie es wissen müssen. Als ich in Birnbäumel war, trieben sie uns Skelette jeden Morgen und jeden Abend durch die Straßen, damit wir Panzerfallen gegen die Russen bauten. Zweimal täglich sahen uns die Leute. Jeden Tag. Und wenn du sie heute fragen würdest, kein einziger gäbe es zu. Und Vergleichbares gab es in großen wie in kleinen Städtchen über ganz Deutschland verteilt. Wieso? Weil der Rauch aus den Krematorien vierundzwanzig Stunden am Tag über ihre Dächer wehte. Allein schon wegen des Gestanks hätten sie wissen müssen, was vor sich ging.«

»Wir müssen etwas tun«, sagte Peter plötzlich. »Wir können es doch nicht einfach dabei belassen. Das ist zu schrecklich.«

»Wir können Ihnen nicht entkommen«, sagte Isabella. »Nicht bevor diese ganze Generation ausgestorben ist.«

»Ich werde ihnen etwas schreiben«, sagte Peter und zog einen kleinen Block und einen Stift aus seiner Tasche.

»Was willst du denn schreiben?«

»Ich weiß noch nicht. Einfach irgend etwas, was ihnen das Gefühl gibt, schuldig zu sein.« Er überlegte kurz, dann schrieb er in kleinen Druckbuchstaben drei kurze Zeilen:

AUSCHWITZ

BERGEN-BELSEN

DACHAU

»Gut«, sagte ich. »Wenn sie irgend etwas mit den KZs zu tun hatten, wird ihnen das da sagen, daß sie erkannt worden sind. Wenn sie unschuldig sind, wird es ihnen erklären, warum wir gegangen sind.«

»Wie wollt ihr ihnen denn das Blatt übergeben?« fragte Isabella.

»Am liebsten würde ich es ihnen ins Gesicht werfen«, sagte Peter.

Die Jungen und ich standen auf und gingen zur Tür.

»Ich bleibe hier«, sagte Isabella. »Bitte beeilt euch, ich habe Angst.«

Der Regen, der vor ein paar Minuten noch so heftig gewesen war, hatte sich in einen grauen Nieselregen verwandelt. Die nassen Terrassenfenster des Cafés glitzerten in einem schimmernden Licht, als wir näher kamen. Die Deutschen waren noch alle da. Wir konnten sie lachen sehen. Ganz deutlich genossen sie ihre Ferien in Paris. Es machte mich doppelt wütend, weil sie uns unseren Urlaub so gründlich verdorben hatten.

An der Ecke auf der gegenüberliegenden Straßenseite blieben wir stehen und beobachteten sie. Sie schienen plötzlich so viele zu sein – eine ganze Nazi-Armee.

»Ich glaube, ich bringe es doch nicht fertig«, sagte Peter stockend.

»Findest du, wir sollten es tun?« fragte Richard.

»Gib mir den Zettel«, sagte ich.

»Wie willst du es machen?« fragte Peter, als er mir das Papier in die Hand drückte.

Ich antwortete nicht sofort. Ich wußte noch nicht, wie ich vorgehen würde, aber ich war entschlossen, die Botschaft zu überbringen. Ich faltete den Zettel zusammen und lief über die Straße. Die Jungen blieben im Nieselregen zurück und sahen mir nach. »Sei vorsichtig, Vati!« hörte ich Richard sagen.

Als ich durch den Eingang des Cafés trat, stürzten die kehligen Laute der deutschen Sprache auf meine Ohren ein. Ich durchquerte die Terrasse und betrat den eigentlichen Caféraum. Dort befand sich eine halbrunde Bar. Einsam stand ein Mann an der Kasse und tippte die Tageseinnahmen ein. Auf der Theke waren ein paar silberne Tabletts gestapelt – solche, mit denen die Kellner die Rechungen überbringen. Ich ging zur Theke und nahm ein Tablett vom Stapel. Ich legte den Zettel auf das Tablett und ging zur Terrasse zurück. Einen kurzen Moment zögerte ich, als die Deutschen zu mir aufsahen. Dann stellte ich das Tablett wortlos und so diskret, wie ein Kellner die Rechnung präsentiert, vor den Deutschen auf jenem Tisch ab, der mir am nächsten stand. Als einer nach dem Zettel griff, trat ich unauffällig durch die Tür ins Freie und ging zurück zu meinen Kindern.

LAGERSPRACHE

von Isabella Leitner
unter Mitwirkung von Ruth Zerner,
Lehmann College

*Ich werde wahrscheinlich nie wissen, was mich ver-
anlaßt hat, diese Zeilen aufzunotieren – besser
gesagt, diesen ganzen Bericht gleich 1945, fast sofort
nach meiner Ankunft in Amerika, in meiner ungarischen Muttersprache aufzuschreiben. Daß ich es
getan habe, darüber bin ich – besonders nach so
vielen Jahren – froh.*

Es gibt die englische Sprache. Es gibt das Französische. Es gibt Russisch und Spanisch. Es gibt Ungarisch, Chinesisch. Der Bibel nach bestrafte Gott die
Menschheit in Babel mit einem Wirrwarr an Sprachen. Doch es gibt eine Sprache, die selbst Gott
nicht versteht – nur wir, jene von uns, die Gefangene im Schatten der Krematorien waren, verstehen sie. Sie heißt *Lagersprache*, und jedes Wort
bedeutet eine andere Form von Leiden. *Blockälteste*
meint die Verantwortliche für je 1000 Gefangene.

121

Die *Vertreterin* vertrat sie. Der *Stubendienst* war für eine kleinere Gruppe verantwortlich und der *Stubendienstkapo* seinerseits für die *Stubendienste*. Aber in Wirklichkeit bedeutete *Blockälteste* bestialisches Schreien und mehr noch gnadenlose Schläge; *Vertreterin* bedeutete auf die Knie gehen; *Stubendienstkapo:* schlagen. *Torwache:* Fußtritte; *Zählapell* bedeutete stundenlang strammstehen – im Regen, im Schlamm, bei Frost, oft mit hohem Fieber. Wenn man sich rührte, erkannte man sein Gesicht von den Schlägen der *Lagerkapos* und den Fußtritten des *Arbeitsdienstes* nicht wieder. Ein *Plus* bedeutete, daß sie wahrscheinlich deine Schwester in einen anderen *Block* verlegten. Dort wird *Mengele* am Nachmittag selektieren. Du suchst deine Schwester, aber sie hat sich schon in Rauch aufgelöst, im *Kremchy*. (Das ist übrigens eine Ironisierung, das Wort »*Kremchy*«.) *Sonderkommando* bezeichnet Leute, die schrecklich müde sind von der ganzen Menschenverbrennerei. Sie wären froh, wenn heute kein weiterer *Transport* mehr käme – sie mußten seit heute morgen schon mehrere Tausend verbrennen. *Muselmann* war man, wenn man nur noch um die fünfundzwanzig Kilo wog und am Nachmittag im *Kremchy* enden würde. Die *Grese* stand dafür, daß einem das Krematorium lieber war, als in ihre Hände zu fallen. *H. K. B.* bedeutet, die Toten von einem Lager zum nächsten zu schleppen, und dort hatte man vielleicht Gelegenheit, zu *organisieren*, d. h. zu stehlen. *Lux* ist ein Hund, der dich stückweise zerfleischte, aber am Leben ließ. *Wurstappell* bedeutet, stundenlang in einer Schlange zu stehen und dann eine hauchdünne Scheibe Salami zu bekommen. (War es überhaupt Salami? Echte Salami? Das kann nicht stimmen.) *Pritsche* bedeutet, daß vierzehn von uns auf einem verlausten Holzbrett liegen. Wenn das morsche Holz bricht – und das Brechen war eingeplant –, fallen vierzehn von uns auf das nächste Holzbrett, und dann fallen achtundzwanzig auf die untersten vierzehn Leute. Sie schreien auf ungarisch, sie schreien auf polnisch, egal in welcher Sprache sie ihre Befehle schreien, du mußt sie verstehen. *Kontrolle* bedeutet, daß du das Messer, das du gegen dein Stück Brot eingetauscht hast, in deinem Schuh verstecken mußt, weil du nichts besitzen darfst außer den Fetzen auf deinem Leib. *Blocksperre* bedeutet, daß es dir untersagt ist, den sogenannten Waschraum zu betreten: Es ist aber auch untersagt, dir in die Hosen zu machen, doch du hast dummerweise Durchfall.

Wörter, die wir zuvor nicht kannten, aber lernen mußten – genauso wie man in Amerika Englisch lernen muß, Schwedisch in Schweden, *Lagerisch* in *Lagerland*.

Die Wörter sind für den Außenstehenden uninteressant, die meisten sind gewöhnliche Wörter deutschen Ursprungs, die sich im Lauf der Zeit mit anderen Wörtern vermischt haben. Sie sind nur von Bedeutung, weil diese kleine Zahl von Wörtern eine Sprache wurde. Eine Sprache, in der jedes Wort Leiden bedeutete. Und doch eine Sprache, von der auch dein Überleben abhing. Die einzig notwendige Sprache. Keine andere Sprache hilft dir. Keine andere Sprache wird gesprochen. Die wenigen Wörter hört man immerzu. Immerzu werden sie gebraucht. Wie in diesem Beispiel:

Die *Läuferin* kam gerade von der *Schreibstube*. Plötzlich hörte sie ein *Achtung* von der *Küche*, und weil es etwas zu *organisieren* gab, erhielten das *Kartoffelkommando* und das *Maiskommando* eine *Meldung*. Die *Schreiberin* sagte, daß jede *Blockälteste* und jede *Vertreterin* vor der *Bruna* und der *Lagerältesten* antreten müsse, um sich die *Meldung* abzuholen, und der *Kanadakapo* sagte, daß es einen *Generalappell* geben und *Drexlerka* eine Selektion vornehmen werde. Unser *Kapo* hat schon die Mädchen mit der *Vertreterin Mittag holen* geschickt, aber ehe sie zurückkommen, wird *Zählappell* sein, und ein paar *Muselmänner* werden sich verstecken, und dann kommt das *Durchzählen* und das *Hinknien* und das *Blockdurchzählen*, und die *Stubendienste* werden die Kübel leeren, und für uns wird keine *Suppe* mehr übrig sein, und wir werden *Kaffee holen* geschickt.

Und darüber hinaus gab es Schimpfwörter in Hülle und Fülle und – ob Sie es glauben oder nicht – sogar *Lagerlieder*.

Isabella Leitner traf als eine der ersten Überlebenden des Holocaust am 8. Mai 1945 in New York ein. Was ihr widerfahren war, schien in seiner Ungeheuerlichkeit für die amerikanische Öffentlichkeit so unvorstellbar, daß die Berichte darüber nur mit ungläubiger Abwehr aufgenommen wurden. Es war schmerzhaft für Isabella Leitner, zu erleben, daß kaum jemand ihr Glauben schenken konnte – so hörte sie auf, vom Konzentrationslager zu sprechen. Sie unterdrückte ihre Erinnerungen und versuchte, ein »normales« Leben aufzubauen. Sie erlernte einen Beruf, sie heiratete.

Nach drei Jahrzehnten aber konnte Isabella Leitner sich der Bilder von Auschwitz nicht mehr erwehren, und sie begann zu schreiben. Ihr Buch erschien 1978. Und nun wurde sie gehört, millionenfach.

Die Deutsche Bibliothek – CIP-Einheitsaufnahme

Leitner, Isabella:
Isabella: Fragmente ihrer Erinnerung an Auschwitz /
Isabella Leitner.
Aus dem Amerikan. von Uwe-Michael Gutzschhahn.
Mit einem Nachw. von Irving A. Leitner. –
Ravensburg: Maier, 1993
(Ravensburger junge Reihe)
Einheitssacht.: Fragments of Isabella <dt.>
ISBN 3-473-35133-4

RAVENSBURGER JUNGE REIHE

1 2 3 4 5   97 96 95 94 93

Alle Rechte der deutschen Ausgabe liegen
beim Ravensburger Buchverlag Otto Maier GmbH.
Die amerikanische Originalausgabe erschien
unter dem Titel »Fragments of Isabella«
© 1978 by Isabella Leitner and Irving A. Leitner

Umschlag. Bernd Mölck Tassel
Gesamtherstellung: Ebner Ulm
Printed in Germany

Gedruckt auf Papier aus chlorfrei gebleichtem
Zellstoff ohne optische Aufheller

ISBN 3-473-35133-4

Hermann Vinke · **Das kurze Leben der Sophie Scholl**
Mit einem Interview mit Ilse Aichinger
Pappband, 189 Seiten
ISBN 3-473-35087-7

Sie ist 21 Jahre alt; sie verteilt zusammen mit ihrem Bruder Flugblätter gegen Hitler; sie wird verhaftet und hingerichtet: Für Sophie Scholl, Arbeitsmaid, Rüstungshelferin, Biologiestudentin und Mitglied der »Weißen Rose«, endete am 22. Februar 1943 ein kurzes Leben voller Träume und Hoffnungen. Warum sich Sophie Scholl bewußt gegen das Leben und für den Tod entschied, versuchen die Schwestern, Freunde und Freundinnen, die Lyrikerin Ilse Aichinger und andere in Gesprächen zu klären. Ein seltenes, ein erschütterndes Dokument über ein Mädchenleben in unheilvoller Zeit.

Ausgezeichnet mit dem Deutschen Jugendsachbuchpreis und dem Buxtehuder Bullen.